图书馆建设与阅读推广活动开展研究

佟瑞娟　著

吉林摄影出版社
·长春·

图书在版编目（CIP）数据

图书馆建设与阅读推广活动开展研究 / 佟瑞娟著
. — 长春：吉林摄影出版社，2023.10
ISBN 978-7-5498-6007-4

Ⅰ.①图… Ⅱ.①佟… Ⅲ.①图书馆工作－研究②图书馆－读书活动－研究 Ⅳ.①G25

中国国家版本馆CIP数据核字(2023)第195360号

图书馆建设与阅读推广活动开展研究
TUSHUGUAN JIANSHE YU YUEDU TUIGUANG HUODONG KAIZHAN YANJIU

著　　者	佟瑞娟
出 版 人	车　强
责任编辑	吴　晶
封面设计	文　亮
开　　本	787毫米×1092毫米　1/16
字　　数	220千字
印　　张	10.25
版　　次	2023年10月第1版
印　　次	2023年10月第1次印刷
出　　版	吉林摄影出版社
发　　行	吉林摄影出版社
地　　址	长春市净月高新技术开发区福祉大路5788号
	邮编：130118
网　　址	www.jlsycbs.net
电　　话	总编办：0431-81629821
	发行科：0431-81629829
印　　刷	河北创联印刷有限公司
书　　号	ISBN 978-7-5498-6007-4　　　定　价：56.00元

版权所有　　侵权必究

前　言

　　图书馆，顾名思义，是搜集、整理、收藏图书资料供人阅览、参考的机构，图书馆有保存人类文化遗产、开发信息资源、参与社会教育等职能。我国历经5000多年的历史积淀，创造了博大精深的中华文化，而图书馆的产生同文字的创造和书写材料的使用密切相关。随着书籍的增多，便出现了如何保存、收藏和使用这些文献的问题，图书馆由此应运而生。因此，图书馆是社会文明发展到一定阶段的产物。

　　阅读是提升国民素质的重要因素，国民素质的提高是中华民族昂首挺立于世界的重要基石。图书馆为广大读者提供各种读物，具有丰富的文献资源、充足的阅读场地和良好的阅读氛围，在阅读推广方面具有其他机构或组织无法比拟的先天优势。由于图书馆具有开展社会教育和开发智力资源的职能，因而做好阅读推广活动是图书馆义不容辞的责任，图书馆理应担负起阅读推广活动的工作。阅读关系着一个民族的兴衰和进步，开展全民阅读已逐渐成为我国的一项公共文化政策。

　　笔者在撰写过程中，借鉴了许多专家和学者的研究成果，在此表示衷心的感谢，本书研究的课题涉及的内容十分宽泛，尽管笔者在写作过程中力求完美，但仍难免存在疏漏，恳请各位专家、读者批评斧正。

目　录

第一章　现代图书馆综述 … 1
　　第一节　现代图书馆的发展 … 1
　　第二节　现代图书馆的概念与社会职能 … 6
　　第三节　现代图书馆的类型划分 … 12

第二章　传统图书馆的建设研究 … 19
　　第一节　传统图书馆的优劣势分析 … 19
　　第二节　传统图书馆与数字图书馆的比较 … 23
　　第三节　传统图书馆的转型和创新发展 … 27

第三章　数字图书馆建设研究 … 37
　　第一节　数字图书馆的认知 … 37
　　第二节　数字图书馆个性化主动信息服务 … 40
　　第三节　数字图书馆的建设模式研究 … 42
　　第四节　数字图书馆的信息安全管理 … 45

第四章　智慧图书馆建设研究 … 50
　　第一节　智慧图书馆的架构与运行 … 50
　　第二节　智慧图书馆建设的关键技术 … 59
　　第三节　智慧图书馆建设的内容与原则 … 68
　　第四节　智慧图书馆的资源建设 … 74

第五章　图书馆阅读服务理论探究 … 83
　　第一节　图书馆阅读服务概念及其特征 … 83
　　第二节　图书馆阅读服务发展演进 … 86

第三节　图书馆阅读服务优化策略分析 ························· 94

第六章　图书馆阅读推广的基本理论 107
　　第一节　图书馆阅读推广理论与实践 ························· 107
　　第二节　图书馆阅读推广规范 ························· 110
　　第三节　图书馆阅读推广机制 ························· 112
　　第四节　公共图书馆与阅读推广 ························· 116
　　第五节　图书馆阅读推广的发展趋势 ························· 118

第七章　图书馆阅读推广创新研究 123
　　第一节　利用新媒介促进图书馆阅读推广 ························· 123
　　第二节　"互联网+"时代公共图书馆阅读推广 ························· 126

第八章　图书馆阅读推广若干焦点问题 132
　　第一节　文化创意产品开发与图书馆阅读推广 ························· 132
　　第二节　阅读推广政策与社会力量参与 ························· 139
　　第三节　阅读推广若干法律问题 ························· 145

参考文献 154

第一章 现代图书馆综述

第一节 现代图书馆的发展

一、现代图书馆概述

第二次世界大战以后，随着科学技术的迅速发展，图书馆进入一个新的发展阶段——现代观念的图书馆，这是图书馆性质和职能的又一次重大变革。

在新的时代，由于知识爆炸性增长，大大冲击了作为人类社会知识交流中心的图书馆。第一，知识总量空前增加。据统计，近20年来，科学技术的发明总数已超过以往两千年的总和，而且正以惊人的速率递增。第二，随着知识的快速增量，出版物急剧增加。第三，学科内容交叉渗透，同一学科的文献高度分散。第四，知识的"新陈代谢"加快，各类资料形态的知识寿命大大缩短，如图书保存期限有10~20年，而期刊仅有3~5年。第五，知识的社会价值空前提高。知识已成为一种国家资源，在经济发展、科技进步以及国际竞争中起着关键性作用。所有这一切，都向传统图书馆提出了严峻的挑战——如何有效地汇集人类创造的知识信息，怎样及时加工整理数量庞大的图书文献，以便快、精、准地向社会传输知识信息，已成为图书馆在其发展道路上面临的重大课题，给图书馆的生存和发展带来了严峻的挑战。

为了迎接这种挑战，图书馆必须从观念到技术手段进行一场全新、全面的变革。促成这一变革的直接动力是现代科学技术在图书馆的广泛应用。电子计算机技术、现代通信技术以及互联网技术应用于图书馆，改变了知识存储的形式、获取知识的手段及其传播的方式，为图书馆的自动化和便捷化提供了物质和技术条件。现代技术改变了图书馆的形象，图书馆由近代进入现代的发展阶段。

基于上述变化，图书馆观念已由过去传统的"知识宝库"转换成"知识喷泉"，而除了保存文化典籍，普及科学文化知识，继续强化社会教育以外，现代图书馆还具有传递情报、信息以及为科学研究服务的职能。人们称现代图书馆是科学交流的重要渠道，是学术性的服务机构。

纵观图书馆的发展过程，我们可以得出这样的结论：①图书馆作为一种社会文化现象，它随着文字记录的出现而产生，又随着人类社会实践活动的发展而不断变革和发展。②图书馆的产生，大大促进了社会交流。图书馆以其搜集和保存的功能聚集了自古迄今人类创造的精神文化产品，以其传播和提供服务的功能使社会知识扩散到社会的各个阶层，传递给广大人民群众，成为社会知识的"收发地"，是人类知识继承和发扬的有效工具。③图书馆的发展受制于社会：社会政治和经济制度确定了图书馆的性质和服务方向；社会的生产力水平、教育的普及程度和科学技术的发展进步，决定了图书馆的发展速度、规范和方向。④图书馆是个不断生长的有机体：在生产实践和科学技术发展的驱动下，其本身的活动内容和社会职能具有动态变化的特性，从最初的以收集和存储文献为主的形态逐渐向以充分利用文献为主的形态演变。正是这种"自身调节"的适应性，才使得图书馆不断发展和壮大。

随着互联网的快速发展，人类社会的信息交流渠道不断增加，图书馆作为社会信息交流中心的地位被大大削弱。但是人类社会与文明的进一步发展，是建立在继承人类既有的科学技术、文化、经济等成果的基础之上的，没有继承，就谈不上发展，而图书馆正是人类文明在时间和空间中得到传承不可或缺的中介性机构。在知识经济时代，知识、信息成为社会发展最重要的资源，知识管理、信息资源管理具有重要的意义，作为社会信息资源管理机制最重要的组成部分之一的图书馆将继续发挥其不可替代的作用。因而，图书馆将在信息社会中长期存在并持续为社会信息资源管理做出巨大贡献。

二、现代图书馆的发展

（一）现代图书馆的发展现状

现代技术在图书馆的应用有一个从低级向高级的发展过程。高新技术还在不断发展，这些现代技术以计算机技术为核心的有机结合，将使电子图书馆成为现实。

第二次世界大战以后，发生了以自动化为主要特征的第三次工业革命。20世纪70年代中期以来，又开始了第四次工业革命，其主要特征是信息化并开始向智能化发展。这两次技术革命都和信息处理有密切关系，促进了信息时代的到来。作为信息行业重要组成部分的图书馆，由于文献数量的急剧增长和读者要求的日益提高，传统的工作方式已很难适应工作的需要，因而很自然地引进并应用了有关的新技术。被应用于图书馆的现代技术主要是电子计算机技术、通信技术、存储技术、文献复制技术、文献保护技术、监测技术、自动化传送技术等。

中国图书馆应用计算机是从1976年开始的。20世纪80年代初，中国图书馆界提出要从传统图书馆向现代化图书馆过渡以来，微型计算机的迅速发展和汉字信息处理的突破性进展，推动着图书馆现代技术的应用取得了较快发展。目前，声像技术已被普遍应用，计算机技术经过了准备和试验阶段，正在向实用化发展，图书馆自动化集成系统等新技术也正在引进发展中。

中国图书馆事业以其不平凡的经历创造了一系列的辉煌。经国家公布的相关资料统计，我国图书馆事业的迅速发展情况如下。

（1）公共图书馆。2017年我国公共图书馆行业机构数3166个，比2016年有了明显增长，标志着我国公共图书馆事业取得了长足进步。

（2）高等院校图书馆。青少年是一个国家的未来，而高等院校图书馆就是浇灌这些国家未来的甘露。1949年，全国只有高校图书馆132所，1979年为675所。改革开放40多年，高校图书馆的总数早已超过千家。上述数字还未包括各类成人高校图书馆、中专图书馆、技校图书馆、各级党校图书馆和军事院校图书馆。这些院校图书馆也都有着长足的进步与发展。

（3）基层图书馆。基层图书馆是指乡镇图书馆、城市街道图书馆、社区图书馆、工会图书馆、少儿图书馆和中小学图书馆，它们直接面向基层为广大民众服务。这几年，基层图书馆已呈蓬勃发展之势。自"万村书库工程"后，村图书馆越来越多，它们为农村乡民阅读提供了极大的便利。随着城市住宅小区的建设，社区图书馆也在兴起和发展之中。

（4）科学和专业图书馆。科学和专业图书馆主要是指中国科学院、中国社会科学院系统的图书馆，中央国家机关、各部委研究院（所）所属的图书馆，国家一级总公司下属研究院（所）所属的专业图书馆或情报所。这类图书馆1979年大约有

4000所，现在总数已经成倍增长。

改革开放使我国图书馆事业向前推进了一大步，已达到相当的规模。这几年，图书馆基本建设的步伐很快，新建或扩建馆舍如火如荼、方兴未艾，新建馆舍使图书馆工作条件和对外服务条件有了明显改善。有些图书馆现已成为国家或某城市的标志性文化设施。图书馆硬件设施的改善，大大增强了图书馆的综合服务能力，提升了图书馆公众形象，使图书馆成为教育、文化和信息事业的一支活跃力量，而且为图书馆在21世纪的可持续发展打下了坚实的基础。我们要把握好发展机会，力求使我国图书馆能在21世纪获得更为稳步、健康的发展。

（二）现代化手段在图书馆发展中的应用

现代化图书馆主要通过现代化科技手段对图书馆进行完善，现代化手段在图书馆上的应用主要体现在以下方面。

1. 计算机技术的应用

计算机技术被认为是当代信息技术的"心脏"，在图书馆现代技术中处于主导和核心地位。目前图书馆业务工作中的文献采购、编目、流通、标引、检索、连续出版物管理、索引编制、参考咨询和图书馆内部管理等都不同程度地使用了计算机，并通过计算机实现联合编目、馆际互借等，出现了多种图书馆自动化系统，使图书馆工作不同程度地摆脱了手工操作方式，把图书馆工作人员从烦琐、枯燥的劳动中解放出来，大大提高了工作效率和工作质量；还使得图书馆有可能开发新的、灵活多样的服务项目，如联合编目；计算机技术所提供的快速、详尽和准确的多种统计数字，能迅速、及时地为图书馆领导决策提供坚实的基础。不仅如此，计算机对于其他现代化设备还起着控制、联结和转换的作用，使图书馆的各种现代化设备结合成一个有机的整体，以充分发挥它们各自的优越性。

2. 通信技术的应用

这里的通信技术指的是基于网络化、电子化的现代通信技术。传统通信技术的主要功能是沟通信息，现代通信技术系统以计算机为核心，再加之其他高新技术如光纤通信、卫星通信等，因而除沟通信息之外，还具有分配信息、管理信息和信息咨询等功能，工作效率和工作质量大大提高。

现代通信技术应用于图书馆后，把一个图书馆的各个部门和它们的计算机联结成一个整体，也把各个图书馆联结成图书馆自动化网络。而各种形式的信息如声音、文字、图像等都可以利用现代通信技术进行准确、高速的传送。在这种情况下，馆际互借可以迅速进行，而且这种互借是可以脱离文献载体的。

3. 我国图书馆的相关技术应用

不同的时代，图书馆承载着不同的功能。现代化社会，对于现代图书馆有了不同的要求，传统的图书馆模式已经完全不能满足人们现在的生活需要。自20世纪80年代开始，随着科学技术的发展，我国图书馆也开始了自身现代化的进程。

各种现代技术，如缩微技术、声像技术、计算机技术、网络技术、多媒体技术、数字化技术等在图书馆得到了广泛的推广应用，从而促使我国图书馆面貌发生了深刻的根本性变化，具体表现如下：

（1）缩微技术的应用。早在20世纪70年代，我国就有图书馆开始应用缩微技术。1984年7月，中华人民共和国文化和旅游部（原文化部）成立了全国公共图书馆缩微复制中心，并在全国14个省、市图书馆先后设立了缩微点，缩微中心还为各地缩微点装备了成套缩微设备，帮助培训人员，对古籍善本、老旧报纸期刊等珍贵资料有计划地开展了拍摄工作，拍成的缩微品经中心检验，合格品的母片由中心保存。

（2）声像技术的应用。声像技术在20世纪80年代后期，在我国图书馆中也普遍得到了应用，一般大中型图书馆都普遍购置了视听设备和视听资料，开辟了视听阅览室、多媒体光盘阅览室。

（3）计算机技术的应用。计算机的应用发端于20世纪70年代中期，中国科学院图书馆、中国科技情报所、北京图书馆分别成立了计算机开发和应用专门机构。在此之后，北京高校图书馆、深圳图书馆等也相继建成类似机构，从事计算机管理、文献检索、图书馆办公自动化等方面的研制、引进、推广等工作。

（4）网络技术的应用。图书馆管理网络技术的应用，在目前我国的图书馆里非常普遍。经过多年的发展，我国图书馆已经由管理自动化逐步进入网络发展阶段，先是局域网，如中关村地区图书馆信息网、军队院校图书馆网络系统、医学系统的文献信息网、中国教育科研计算机网络等。这些网络系统的建成为图书馆网上互访创造了条件，现已发展到与国内、国际主要信息网络互联，实现图书馆在网络环境下的管理与服务。

（5）光盘技术的应用。光盘技术的应用对图书馆的数据存储具有划时代的意义。我国一些大中型图书馆，多年前就一边从国外引进数据库，一边着手自建数据库或购买国内数据库。

（6）多媒体技术的应用。多媒体技术的应用使得现代化的图书馆又上了一个新的台阶，是未来图书馆的发展方向。多媒体技术在图书馆的应用，就是提供多样化媒体的图书馆，相较于传统图书馆主要提供平面印刷媒体，多媒体图书馆所提供的媒体形式包含印刷媒体、视听媒体、电子媒体、连线数位媒体等。多媒体图书馆可以算是图书馆的一种，现今的图书馆已走向提供多媒体资讯的趋势，这已是不可避免的图书馆发展走向。

图书馆事业在我国的发展获得了长足稳定的进步。而随着基于互联网的相关现代化技术在现代图书馆的建设中不断得到广泛应用，现代图书馆的发展也获得了历史性突破，现代图书馆已经不再是传统的、为人们简单地提供阅读服务的场所，而是通过现代化技术，声情并茂地让客户体验在现代图书馆阅读的乐趣，而不仅仅是枯燥地查找资料、凌乱不堪地记录相关知识等。现代化的存储技术，让图书馆的信息查询变得相当简单，而信息查询只是一个初级功能，如何让人们在阅读过程中享受到最好的服务，才是现代化图书馆发展的一个明确方向。

第二节　现代图书馆的概念与社会职能

一、现代图书馆的概念

现代图书馆是收藏文献资料的地方，其收藏的文献资料是供人们使用的；图书馆是一个文化机构，这个机构通过对文献资料的收集、整理、存储和开发，为社会的政治、经济及文化教育提供服务。我们可以这样定义图书馆：图书馆是以文献信息为活动对象，将之收集、整理、加工后提供给有需求的人的社会机构。

二、现代图书馆的社会职能

职能是指人、事物、机构所应有的作用。从人的职能角度讲，是指一定职位的人完成其职务的能力；从事物的职能看，一般等同于事物的功能；机构的职能一般包括机构的职权、作用等内容。根据这一定义，图书馆的社会职能也就是图书馆在社会生活中承担的责任和所起到的积极作用；一般来说，图书馆的社会职能主要包括以下几方面。

（一）保存文化遗产职能

人类社会在自身发展的过程中，为了适应交流的需要，创造了文字，并将其记载在一定的载体上，形成了文献信息资源。为了方便以后生活中继续利用这些文献，古人将这些文献有目的地进行收集和保存，这样图书馆就诞生了。图书馆最主要和最古老的一项职能就是采集、整理、管理，这记载了从古至今人类历史的发展和演变的珍贵文献信息资源。

随着人类社会的发展，文献资源的存储量大大增加，而纸版文献对场地和环境的要求给图书馆带来了极大的负担。这时，科学技术的发展将磁、光技术带入图书馆管理中，使图书馆的文献信息资源可以无限扩张，用户运用得也更加方便、快捷。

图书馆在采集文献资源时，要真正做到重点采集，适量兼顾，藏书丰富，全面提高。对于已经采集的图书，图书馆也要做好藏书管理。具体来看，对于新采集的图书，图书馆要做好图书的编目、标引，然后把经过整理加工的图书移交典藏部门。典藏部门则根据本馆书库、各阅览室及其他部门的需要，对文献进行合理分配、组织及妥善保管。这就是图书的组织管理工作，包括藏书的划分、藏书的排列、藏书的保护、藏书的清点等工作内容。此外，图书馆还要做好图书流通过程中的各项管理。

（二）智力资源开发职能

智力资源是指在人类文明发展历程中所创造、积累的物化成果，精神财富和未被发现、认识的潜在信息。图书馆工作中涉及的智力资源内容包括馆藏文献信息资源和网上相关文献信息资源。传统智力资源开发是指对馆内文献资源进行二次、三次甚至多次加工，使之更适应用户的需求。随着科学技术的发展，图书馆在原有馆藏文献资源的基础上，依靠计算机网络，使图书馆文献资源实现了开发内容的扩大、内容范围上的扩大。

与此同时，专业数据库和信息库的建立和使用让用户更加便利地寻找到自己所需要的信息。此外，图书馆的服务对象也扩展了，受网络服务的影响，远方的用户现在可以在异地获得很多与本地用户同样的服务。

（三）教育职能

图书馆素有"知识的宝库""没有围墙的大学"的别称，这主要是因为图书馆拥有数量众多的文献信息资源，这些文献信息资源作为人类文化科学技术思想的结晶，为用户提供了用以学习的雄厚物质基础。此外，图书馆为用户提供了学习的场地和设备，受教育者可以长期地、自由地利用图书馆进行学习。对于没有充裕时间到图书馆学习的人来讲，数字图书馆的远程教育功能很好地解决了这一问题。目前，图书馆的教育方式是以自学为主，这正符合了"终身教育"为核心的现代教育思想。总之，图书馆应充分利用馆藏书刊资料优势，对用户进行以下几个方面的教育。

1. 思想政治教育

图书馆是知识的殿堂，是文明传播的场所。当用户跨入图书馆的大门，便会被一种庄严、肃穆、恬静、催人向上的气氛感染，在利用图书馆的同时，潜移默化地接受了道德和行为规范的教育。图书馆是建设社会主义精神文明的窗口，它以丰富多彩的形式向用户宣传、推荐优秀书刊，开展导读、书评、报告会等活动，倡导健康向上的精神追求。

2. 专业知识教育

图书馆提供了系统而丰富的专业参考书。用户要完成各阶段的学习任务，单凭课堂教学是不行的，必须以教师所讲授的知识为纲要，在课外阅读大量的参考书，以刻苦自学来补充和深化课堂教学。图书馆通过编制教学参考书目录、开辟教学参考阅览室和借书处，把听课和阅读、课堂和阅览室、教师和图书馆馆员紧紧地联系在一起。

3. 拓宽用户知识面的综合教育

当代用户不仅需要有精深的专业知识，而且需要有广博的相关专业知识和社会科学知识。图书馆的文献包罗万象，是取之不尽、用之不竭的精神财富，用户在图书馆里可以涉猎多方面的书刊资料，吸取本专业以外的科学文化知识，借以扩大视野、启迪思维、培养能力。图书馆通过提供各类书刊、举办报告会、开展读书活动，达到对用户进行综合教育的作用。

4. 获取文献信息技能的教育

今后，国际经济技术竞争的焦点将集中在一个国家对信息资源的占有能力、报道能力、提供能力以及利用能力上。用户应把获取信息、分析信息和处理信息的技能当成基本素能来培养，不断提高自学能力、独立研究问题的能力和创新能力。要实现这一点，需要图书馆对用户进行文献检索与利用的教育。

5. 文化素质教育

文化素质是个体素质的基础，用户的文化素质情况如何，将会直接影响其他方面的素质。一方面，良好的文化素质有助于用户不断提高自己的思想道德素质，提升爱国爱党的政治素质；另一方面，具有了良好的文化素质，用户才会在自己的职业素质上有更好的发展。图书馆在文化知识教育上具有自身独特的优势，因此它也是对用户进行文化素质教育的基础。有鉴于此，图书馆要结合现代社会的发展态势以及用户的素质发展需求，引导用户有目的、有效率地进行自身文化素质的发展。

6. 社会教育

在"终身学习理念"的影响下，越来越多的人在离开校园后仍然进行着自学，这时图书馆的教育优势就充分发挥出来了——其成为自学者的首选场所。而通过利用计算机上的互联网络服务，图书馆的教育范围在时间和空间上得到极大延伸，学习的分散性和灵活性也得到增加，更主要的是图书馆丰富的文献信息资源和可以方便获取的服务方式，大大提高了用户自学的主动性和积极性。

（四）信息传递职能

传递文献信息是图书馆的又一项基本社会职能，图书馆传递文献信息的职能主要是通过以下两个方面实现的。

1. 图书馆对馆藏文献信息的传递

图书馆馆藏文献主要是以图书馆目录和书目数据库的形式存在，换言之，图书馆目录和书目数据库就是图书馆馆藏信息的集合体。用户对这些馆藏信息的利用，首先是通过搜索图书馆目录和书目数据库实现的，在获取相关文献信息之后，用户才能通过对相关文献和资料的借阅实现对信息的利用。图书馆传递文献的内容信息，是在传递馆藏文献信息之后。

2. 图书馆对文献内容信息的传递

传建文献信息，实质上就是传递文献的内容信息，这是图书馆存在的根本意义，也是用户到图书馆获取文献的最终目的。

（五）情报职能

图书馆不仅要做好提供书刊资料的工作，还要积极开展信息情报服务和参考咨询工作，发挥图书馆的情报职能。作为情报学中的一个基本概念，情报是指运用一定的载体，通过一定的时空方式传递给特定用户，用以解决其在生产、科研等领域的具体问题的相关专业信息和知识。一般来说，图书馆的情报功能主要体现在以下几方面。

1. 编制各种专题书目索引和科技信息动态

图书馆蕴藏着丰富的信息资源，又有很多经过专门训练的信息情报人员，其通过采取定期或不定期编制各专题文摘、索引、目录以及编辑反映最新学术动态的刊物、宣传栏，及时、准确地把信息传递给用户。

2. 开展课题检索、定题服务和科技查新

图书馆义不容辞地担负着科研课题的立项论证、开题检索、进展中的信息追踪、结题鉴定中对科研成果新颖性和创造性的论证、申报专利前的检索等工作。

3. 传递科学技术情报

当今社会文献信息资源具有生产数量大、增长速度快、社会文献的类型复杂、形式多样和时效性强等特点，这使传统的文献信息资源收藏思想——"自我中心论"，即强求"你有的我有，你没有的我也要有"的"大而全"思想已不再适用。馆际交流、合作、资源共享正随着网络技术的蓬勃发展而兴盛起来，成为今后图书馆发展的新方向。

目前，图书馆正在以前所未有的传递科学情报的深广范围和快捷速度的形象出现在世人面前。

第一，传递的内容由基本信息转向原文查阅和传递为主。

第二，馆际互动的方式由过去封闭、烦琐、简单的互借服务向开放式、网络化、深层服务转化。

第三，定题服务、科技查新、学科馆员等创新型服务使图书馆科技情报传递的方式由被动向主动转变。

4. 辅导用户查阅文献资料

在当今的信息社会里，文献浩如烟海，知识不断更新，强化用户的情报意识和信息意识，让用户较快掌握获取信息的技术尤为重要。图书馆在日常的解答咨询、指导用户检索所需资料的过程中，培养了用户获取信息的能力和独立研究问题的能力。

5. 进行情报调研

随着市场经济的不断完善和发展，我国现代企业均面临着严峻的发展形势，需要与同类、不同类，同领域、不同领域的企业开展竞争。在激烈的竞争环境中，企业要想找到一条健康、有序、合理的竞争渠道，除了要不断提高本企业产品的竞争优势外，还需要注重获取其他企业的竞争情报。用户在获取大量信息的基础上进行信息分析，开展专题调研、市场调研、产品调研、生产厂家调研，撰写综述性文章或调研报告，能够为领导、科技人员和企业决策提供参谋作用。

一般来说，图书馆可以为企业提供相应的竞争情报，具体如下。

第一，图书馆可以为企业提供丰富的信息情报。图书馆具有十分丰富的文献资源信息，包括各类图书、报刊、相关专业会议以及庞杂的网络信息资源库，这是任何其他信息机构都无法比拟的。

第二，图书馆可以为企业提供前沿的信息情报。现代大学中集中了大量相关领域的专业学者，他们在从事高等教育的同时，也在孜孜不倦地进行着本专业的学术研究，而且大都会有喜人的成果。这些成果如果应用到生产与实践中，可能会促进相关产业的进步与发展，甚至可能会导致新产业的出现。而图书馆作为大学的信息集散中心，对科研成果的收集必然十分重视，这就为现代企业提供了重要的信息情报。若企业能及时吸收大学的相关科研成果，并通过合理的方式将其应用到生产实践中，必然会比同类企业先一步把握商机。

第三，图书馆可以为企业提供可靠的信息情报。在现代社会中，信息交流已然十分普遍，任何人通过网络都可以获取大量相关信息，但这些信息是杂乱无序的，信息的真假问题也难以辨别，这就对企业参考相应信息设置了障碍。图书馆具有专业的图书馆人才，他们有精湛的专业技术和先进的设备资源，能更为准确地收集信息资源，形成庞大的网络资源数据库、国家标准数据库和自建数据库，这些都为图书馆向企业提供可靠的竞争情报奠定了基础。

（六）丰富人类文化生活的职能

健康的文化娱乐是人类社会生活中不可缺少的组成部分。图书馆是社会文化生活的中心之一，所以，图书馆在丰富人类文化生活中具有很重要的地位和作用。人们不仅可以去图书馆借阅自己喜爱的图书、报纸、画刊，还可以享受图书馆的文化氛围。图书馆也应有的放矢地开展更多的文化娱乐活动，如向公众提供学术会议、大型展示会、报告会、研究会，甚至音乐会、电影、文艺演出、文化旅游等服务，丰富图书馆的服务项目、拓展图书馆的服务功能。

第三节　现代图书馆的类型划分

伴随着社会分工日益向专门化方向发展，图书馆也出现了多种不同的类型，从而满足了不同人群对信息的需求。本节主要对现代图书馆的类型进行阐述。

一、现代图书馆分类的意义

（一）有助于科学确定图书馆的工作目标

正确划分图书馆的类型，对于图书馆工作目标的确定有着重要的意义，即有助于具体的图书馆明确自己在整个图书馆系统或社会信息系统中的地位和分工。对于一个特定的图书馆而言，首先应该树立一个长远的目标，然后针对这一目标采取一系列的措施。图书馆是服务于用户和用户群体的，图书馆的基本宗旨就是要满足他们的信息需求。由此可见，明确服务对象及其需求，对于图书馆的发展来说非常重要。一般来说，图书馆的服务目标群体、服务内容以及服务水平就是其工作目标。

（二）有助于图书馆之间的协作

在信息时代，图书馆的类型划分应该着眼于对整个图书馆系统的整体规划和指导，以使之形成一个分工明确、互为补充、突出重点、优势互补的图书馆系统，促进不同类型图书馆之间的分工协作，使它们各司其职，为用户提供专业化的、高质量的服务，从而涵盖和满足社会各个方面的信息需求。

（三）有助于实现图书馆系统的高效性

工业革命带来了社会分工和专业化，这不仅促进了科学技术的进步、提高了管理效率，也进一步提高了劳动生产者的生产熟练程度，节约了各种人力和物力资源。

作为整个图书馆系统的一种分工，图书馆类型的划分提高了图书馆工作的专业度，有利于图书馆资源的合理配置，提高图书馆的服务能力和水平。

社会上的用户千千万万，他们有着不尽相同的信息需求，单个图书馆自身很难满足用户和用户群体的所有信息需求。为了针对不同需求的用户和用户群体发展图书馆的文献信息资源，必须有针对性地划分图书馆的类型。

（四）有助于突出图书馆的服务重点

对图书馆进行分类，有助于突出图书馆的服务重点。对图书馆进行分类，就是要明确不同类型图书馆的不同特点和它们的发展规律，明确这些图书馆在社会信息系统中的位置，进而为其资源配置、目标规划和服务方向提供相应的理论依据，以充分发挥各类型图书馆的作用。

二、现代图书馆分类的依据

现代图书馆的分类依据主要有以下几个。

（一）现代图书馆的资金来源

每个图书馆的创建和发展都离不开资金的支持，并且图书馆在经济上存在着一定的依附性。这是因为图书馆作为一种社会组织，具有公益性，其本身创造的经济效益并不能满足自身的需求。不同资金来源就成为划分图书馆的依据。例如，个人图书馆的资金主要来源于个人出资，公共图书馆的资金主要来源于政府，民办图书馆的资金主要来自民间捐赠。

（二）现代图书馆的管理体制

谁控制着整个图书馆，以及谁确定图书馆的资金投入、服务对象和日常监督，关系着图书馆的管理体制问题。不同的管理者构成的管理体制，也是图书馆类型划分的依据。例如，有些图书馆归研究所领导，高校图书馆由其所在学校进行管理，公立图书馆由政府进行管理。

（三）现代图书馆的服务对象

图书馆服务的对象是用户和用户群体，他们是实际利用图书馆的人。图书馆存在的意义就是为用户服务，满足用户的信息需求，并根据特定用户群的信息需求来发展自己的信息资源体系。在这个目标的运转过程中，图书馆形成了自己的文献资源特色，进而区分不同的服务方向，形成了不同类型的图书馆。

（四）现代图书馆的文献信息资源体系

图书馆在发展过程中会逐渐形成有自己特色的文献信息资源体系，这些文献信息资源体系具有一定的针对性，有些是针对不同的专业领域，有些是针对不同的用户，有些是针对不同的文献载体，有些是针对不同的语言或民族。在此影响下，就有了自然科学图书馆、数字图书馆、复合型图书馆、民族图书馆等。

三、国际上现代图书馆的类型划分

在国际上，各国对现代图书馆类型的划分标准很不一致，这就不可避免地给图书馆界的交流造成了很大的困难，因而划分图书馆类型的标准很有必要统一。在联合国教科文组织的支持下，1974年，国际标准化组织颁布了"ISO2789-1974（E）国际图书馆统计标准"，把图书馆区分为以下几种类型。

（一）国家图书馆

国家图书馆是负责所在国家获取和保存所有相关文献复本的图书馆，它是承担法定呈缴本功能的图书馆。其主要承担如下职能。

第一，收藏并更新大量的、具有代表性的文献，从而建立一个拥有丰富馆藏的国家图书馆。

第二，组织全国性的学术研究工作，为图书馆学的研究提供最新的信息资料，推动我国图书馆学研究不断深入。

第三，参加国际图书馆组织，与国际图书馆界进行合作与交流。

第四，参与本国其他图书馆的管理，促进合作，引领图书馆管理的标准化、规范化、数字化建设。

第五，作为国家书目信息中心，编制国家书目和联合目录。

（二）高等教育机构图书馆

高等教育机构图书馆隶属于高等学校职能机构中的教学辅助部门，主要职能是为大学或其他高等教育及高等教育水平以上的教育机构的学生、教师和科研人员提供服务。此外，高等教育机构图书馆可以向公众开放。

由于高等教育机构图书馆的服务对象是专业水平较高的群体，其在性质、地位、馆藏特色、作用上也不同于普通学校图书馆，因此，高等教育机构图书馆虽然属于学校图书馆范畴，但将其单独列为一种类型的图书馆。

1. 基本特点

学术性和服务性是高等教育机构图书馆的基本特点。所谓学术性，是指高等教育机构图书馆除了提供图书馆的基本服务，还积极参加学校的科学研究项目、教学研究等专业性较强的研究工作。

所谓服务性，是指高等教育机构图书馆是以向在校大学生、教师和科研人员提供图书借阅、信息咨询等信息服务为主要工作的部门。

2. 教学任务

高等教育机构图书馆还承担着高等教育机构的教学任务。这里的教学任务，除了信息检索方面的课程外，还包括配合学校要求，对学生进行政治思想教育，宣传党和国家的政策和法律、开展用户辅导、为大学生提供工作实践基地。

3. 基本类型

高等教育机构图书馆按馆藏情况可以分为三种：第一种是大学的主要或中心图书馆或者同一馆长领导下的分布于不同地方的图书馆；第二种是附属于大学的研究所和系，不受大学的主要或中心图书馆领导和管理的图书馆；第三种是附设于高等院校但不隶属其管理的图书馆。

（三）专业图书馆

专业图书馆是服务于特定的学科、知识领域或特殊地区利益的独立图书馆。它除了配合本系统和单位的信息需求进行信息搜集、整理、保管和提供相应的服务外，还应积极开展深层次的信息研究和开发项目，力求不断向科研人员和领导部门提供其所需的最新的信息和发展趋势，完成自身任务。专业图书馆主要包括以下几类。

第一，健康服务图书馆和医学图书馆，是为医院或者其他地方的健康服务专业人员提供服务的图书馆。

第二，政府图书馆，是为政府机构、部门、办事处服务的图书馆。

第三，工商业图书馆，是工业企业或者商业公司为了满足本单位职工的信息需要，由其自身或上级机构主办的内部图书馆。

第四，传媒图书馆，是为包括报社、出版社、广播、电影和电视等媒体、机构及组织提供服务的图书馆。

第五，专业学术机构和协会图书馆，是为了服务于从事某一特定行业或专业的会员和从业者，由专业或者行业协会、学术团体、工会和其他类似机构主办的图书馆。

（四）流动图书馆

流动图书馆只是图书馆的一种服务形式，是利用交通工具并配备有设备而直接提供文献和服务的图书馆。它不需要读者或用户走入图书馆的固定场所，只需在自身所在地就可以接受服务。流动图书馆的建设，是构建具有中国特色现代公共文化服务体系的重要内容，任何一种类型的图书馆都可以将其作为自身建设的一部分进行发展。

（五）公共图书馆

公共图书馆，顾名思义，就是公开为某一地区内所有人口提供服务的普通图书馆，常常由财政资金提供部分或者全部运行经费。公共图书馆起源于古罗马时期，正式兴起于19世纪下半叶的欧美国家。这种类型的图书馆根据法律条文，从地方行政机构的税收中取得经费，向所有居民开放。

1975年，国际图联将公共图书馆的社会职能概括为四条：一是保存人类文化遗产；二是开展社会教育；三是传递科学信息；四是开发智力资源。

（六）学校图书馆

学校图书馆是指附属于高等教育水平以下的各类学校的图书馆，主要功能是为校内的学生和老师提供服务。

（七）保存图书馆和存储图书馆

这两类图书馆的主要功能是用以存储来自其他管理部门的、低利用率的文献资料图书馆。

以上这些类型的图书馆除了配合本系统和单位的信息需求进行信息搜集、整理、保管和提供相应的服务外，还应积极开展深层次的信息研究和开发项目，力求不断向科研人员和领导部门提供其所需的最新信息和发展趋势，从而不断使图书馆保持进步。

四、我国现代图书馆的类型划分

划分我国现代图书馆的类型，应根据图书馆的领导系统，结合图书馆的性质、用户对象和藏书内容等标准进行。

（一）我国现代图书馆的主要类型

我国现代图书馆包括国家图书馆、公共图书馆、高等院校图书馆、科学图书馆、专业图书馆、技术图书馆、工会图书馆、军事系统图书馆以及中小学图书馆、儿童图书馆等。

（二）我国三大系统图书馆

在我国的各类型图书馆中，以公共图书馆（包括国家图书馆）、高等学校图书馆、科学院图书馆三种类型图书馆发展比较迅速，规模比较大，成为我国图书馆事业的三大支柱。因为这三大系统图书馆藏书丰富，技术力量雄厚，设备先进，已起到藏书中心、协调中心和服务中心的作用，在整个图书馆事业中起着举足轻重的作用，所以人们习惯上称其为"三大系统图书馆"。

1. 公共图书馆

公共图书馆担负着为科学研究服务和为大众服务的双重任务，在促进国家经济、科学、文化、教育事业的发展，提高全民族科学文化水平方面起着重要的作用。

中华人民共和国成立后，我国的公共图书馆得到了迅速发展，现在多达几千所。我国的公共图书馆主要按行政区域划分，除国家图书馆，有省、直辖市、自治区图书馆，省（直辖市）、市（州、盟）等行政区图书馆、县（区）图书馆、乡镇图书馆、街道图书馆等。我国的公共图书馆大多是综合性的，通常还建有地方文献的专藏，服务对象包括各种职业、各种年龄和各种文化程度的用户，主要承担着为本地区科学研究和大众阅读服务的任务。

2. 高等学校图书馆

高等学校图书馆是为教学和科研服务的重要机构，与教学和科研的关系极为密切。很多国家都把现代化的图书馆视为现代化大学的三大支柱之一。在我国高等学校图书馆中，历史悠久、馆藏丰富的北京大学、清华大学、中国人民大学、复旦大学、上海交通大学、中山大学、北京师范大学、西安交通大学、南京大学、四川大学、兰州大学等图书馆，都是全国或地区中心图书馆的成员馆，并承担着重要的任务。

高等学校图书馆可以分为综合性、专科性、文科、理科等各种类型的图书馆，具有用户对象稳定、用户用书的阶段性、藏书质量较高的特点。

高等学校图书馆的服务是一种专业性、学术性很强的服务，从服务内容、服务手段到服务方法，无不反映了它的学术性质。它的工作是学校教学和科学研究工作的重要组成部分。为教学和科学研究服务是高等学校图书馆的基本特征，是其全部工作的出发点和归宿，并贯穿于全部工作的各环节之中。

3. 科学院图书馆

科学院图书馆属于专门性图书馆，是指中国科学院系统、中国社会科学院系统的图书馆及政府各部委研究部门的图书馆。这类图书馆种类多、数量大、藏书专深，是直接为科学研究和生产技术服务的图书馆。它们依靠一些专门人才及其所掌握的专业知识，用科学的方法搜集、整理、保存和提供信息资料。科学院图书馆具有图书情报一体化、服务方式多样化、藏书专业化、图书情报工作人员专业素质要求高等特点。

在我国的科学院中，历史较久、规模较大的中国科学院文献情报中心、中国农业科学院文献信息中心、中国医学科学院医学情报研究所、中国中医研究院中医药信息研究所等，都拥有各自系统的中心图书馆。

第二章 传统图书馆的建设研究

第一节 传统图书馆的优劣势分析

一、传统图书馆的定义

1808年,德国学者施莱廷格提出:"我所说的图书馆,是将收集的相当数量的图书加以整理,根据求知者的各种要求,不费时间地提供他们利用。"美国《图书馆学与情报科学词典——英汉汉英对照》中指出:"图书馆是藏书楼、藏书室及其他文献资料收藏的地方,并有组织、有系统地提供大众阅读、参考,以及研究学术的地方,它是传播情报知识的工具,同时亦是一个服务机构,它的主要任务是使藏书发挥作用为广大读者服务。"由此可知,传统图书馆是以纸介质馆藏为中心,利用文摘和索引等图书馆馆藏目录和各种检索工具来指导读者,使读者利用馆藏文献资料来获取所需信息的机构。

二、传统图书馆的优势

1. 传统图书馆是人们学习和研究的重要场所

传统图书馆比较全面地保存了人类在各历史时期创造的各种知识文化资源,并且保存的时间长,提供的学习和研究资料都较齐全,是人们学习和研究的重要场所,同时也是书本知识和间接知识的重要来源之一。所以,尽管社会信息化的进程飞速发展,传统图书馆的作用仍然非常重要。

2. 传统图书馆是一个修身养性的公共场所

传统图书馆能最大限度地满足不同年龄、不同文化程度、不同知识阶层、不同经济条件的读者和用户对文献信息的需求。这不同于数字图书馆，数字图书馆更依赖新型的科技技术手段，如果没有一定的计算机知识和网络技术知识，则很难跨入数字图书馆的门槛进而有效利用其资源。读者不仅可以在传统图书馆查询、学习和研究，还可以在这里休闲、娱乐以及社交。因此，传统图书馆不仅是读者学习、研究的重要平台，还是读者互动交流、修身养性的和谐场所。

此外，读者既可以在图书馆里翻阅浏览，也可以把所需资料借回家中仔细阅读，充分利用业余时间。更重要的是，传统图书馆不存在版权保护问题，不易产生内容失真等现象。

3. 传统图书馆具有文献保护功能

历史证明，纸质文献是文献信息与文献载体之间最为牢固的结合形态，能够承担文献保护的重责。比如善本、名人字画以及作家遗稿等，这些资源都是无价之宝，而且具有极高的收藏性。

4. 传统图书馆具有传承先进文化的职能

图书馆自诞生之日起，就肩负着继承人类优秀文化遗产、传承先进文化的功能和责任，图书馆存在的意义就是完整、妥善地保存并且开发利用人类文明发展过程中积累的各种知识和思想，守护人类文明的成果。图书馆既是传统文化的集结地，又是世界科学文化发展前沿的窗口。图书馆作为文献信息资源中心，是通过文献资源的搜集、整理、流通和传播来达到教育目的的一种教育服务机构，它既收藏着丰富的原始文献，又蕴藏着当今世界的先进文化，是社会信息化的重要基地。在长期的发展过程中，它全面而系统地保存了人类文明发展过程中创造的知识和文化。

5. 传统图书馆具有社会文化教育职能

社会文化教育职能始终贯穿在传统图书馆的整个业务流程中。从采访原则的制定，到文献资料的初选、复选、验收和审核以及编目、流通的整个过程，图书馆馆员都本着对读者、对社会认真负责的工作态度，重点把握，把社会效益和"精神文明建设"放在第一位，力争采访到馆的文献资料在学术上具有权威性、在学科上具有完整性、在内容上具有健康性、在观点上具有代表性、在思想上具有前瞻性，把健康、文明、科学的知识通过图书馆这一信息平台传递给广大读者。

在网络环境下，社会文化教育职能仍然时时处处体现在图书馆馆员的新业务领域，尤其是在图书馆的咨询工作中。科技的飞速发展，学科高度综合、知识高度集中，广大读者面对丰富而又凌乱无序的信息组合，希望能快速得到经过整合的、符合其实际需求的知识信息。针对读者的这种需求，各图书馆都顺应形势，建立学科馆员制度，学科馆员可以担当起网上查询和文献资料中特定领域信息的"导航员"角色，发挥自身学科背景和图书馆业务工作的双重优势，对各种杂乱的知识信息进行严格甄别、筛选，去粗取精，去伪存真，整合信息内容，以满足读者的个性化需求，从而实现信息的增值服务，同时也使传统图书馆的教育功能迈上了一个新的台阶。

6. 传统图书馆具备专业化的知识组织能力

图书馆具有对客观知识进行选择、过滤并加以整理的能力，即图书馆的知识组织能力，这是图书馆的一大优势能力表现。图书馆在长期的历史实践过程中，形成了诸如分类法、文摘法、索引法和主题法等一系列的知识组织方法。

7. 传统图书馆完善的服务能力和动态适应性具有竞争优势

图书馆是向社会公众提供知识服务的服务性机构，图书馆与其他服务机构的本质区别在于它有独特的服务原则、服务理念和服务方法。"以读者为中心""书是为了用的""节省读者的时间""人有其书，书有其人"等服务理念；方便原则、开放原则、创新原则、平等原则和满意原则等服务原则；借阅方法、导读方法、参考咨询方法等服务方法，都有其丰富而独特的内涵，由此形成了图书馆独有的服务文化和能力。随着环境的变化以及先进科学技术的应用，图书馆依靠其强大的网络服务能力，保障其服务的速度和质量，并整合服务内容、采取主动推送和个性化服务来实现信息增值。

8. 纸本文献能够实现最佳的阅读效果

不可否认，数字型文献有明显而独特的优越性：不需印刷，出版费用低、周期短，编辑方便，以及可实现资源共享和远程服务等，这些都不可避免地对以收藏纸质资料为主的传统图书馆产生近乎毁灭性的冲击。计算机的存储空间所能承载的信息数量是纸本书籍无法企及的，网络丰富的信息资源也是传统图书馆无法比拟的。网络方便、快捷的检索方式也使读者可以在短时间内检索到所需要的信息，避免了纸本文献需要逐本逐页翻查的麻烦，节约了大量的查阅时间。电子阅读的兴起给传统的阅读习惯造成了巨大冲击，最明显的表现就是我国各类图书馆都存在着不同程度的读者流失情况，特别是年轻读者的比例下降，他们成了网络阅读的忠实拥护者。然而，即便如此，网络阅读也不会取代传统阅读成为唯一的阅读方式，数字图书馆也不会取代传统图书馆的信息服务地位成为图书馆界的独秀之花。

传统图书馆的纸本阅读方式与数字图书馆的网络阅读、电子阅读方式并非只是简单的介质不同，它们在阅读心理和阅读效果上都有很大的差异，也正是因为这些差异，使得传统阅读具有其他任何阅读方式都无可取代的特性。电子阅读和网络阅读这种"浅阅读"方式的过度流行会摧毁人们独立思考的能力和习惯，而传统阅读作为一种相对更有利于活跃思维的深层次阅读，可以使阅读体验更加深刻，阅读收益和效果更加显著，这是学习过程中必不可缺的。目前很多学术性的研究和创作，仍然是以出版的纸质书籍为首选，网络作为一种延伸阅读，是纸质文献阅读的有效补充。传统的纸质书籍，有淡淡的书香，可以让读者很快沉浸其中，而网络阅读和电子阅读无法给人们带来愉悦的心理感受。

三、传统图书馆的劣势

传统图书馆的不足之处也是比较明显的。传统图书馆有固定的访问场所，且各个地区图书馆事业发展不平衡，图书馆分布不均，距离和时间成为读者信息检索与交流难以跨越的障碍。传统图书馆的劣势也就是数字图书馆的优势所在。

1. 传统图书馆的馆藏实务和检索方式存在局限

首先，传统图书馆收藏知识信息的载体（纸质材料）存储密度小、体积大、占用空间多且保管起来比较耗费人力和财力，需要图书馆不断新建和扩建馆舍面积，以便保存这些文献，同时还要考虑工作人员的数量增减问题。第二，服务对象的范围有限，即使已经实现了多个图书馆的联合。例如，为用户提供通用借阅证，其信息共享的程度还是非常有限，同时还受到时空以及文献资料数量和内容的限制。第三，服务手段较为落后，信息传递速度相对较慢，最新的和急需的信息不能及时获取，且文献形式单一，基本上只有文字和图片信息。相较而言，数字图书馆的文献资源可以有多种形式和多种存储介质，包括光盘、云空间、文本、图像、音视频以及链接等，其存储的数据库也尽可能采取可以包含多种数据模型、面向对象的多媒体数据库。它是利用智能化的信息检索手段向用户提供信息服务，其效果也更生动、方便、快捷、现实。

2.传统图书馆的地区发展不均衡

由于经济发展不均衡,因而各地图书馆的发展水平也存在较大差异。在一些经济欠发达地区,有的中小型图书馆和基层图书馆在实际运行中,其服务范围、服务对象以及服务手段等还在继续沿袭传统旧制。我国数字化图书馆的建设起步较晚,有些偏远地区甚至连传统的图书馆服务都得不到保证,更谈不上数字化运作。

3.传统图书馆的信息传播方式落后

网络软件和硬件的高速发展为数字图书馆提供了良好的信息传播环境,它不是简单的数字馆藏,也不是网上资源的一个目录或工具书的电子版,它在实现其功能时,存在信息提供、所有权转让、资金流动和商品传递等内容。这从服务方式上来说要比传统图书馆做得更加主动,是真正的以用户为中心,向用户提供信息获取、信息增值以及在线订购等服务。这些服务大多可通过网络传输的方式完成,比如付费浏览、下载传真、扫描和发 E-mail 等。

4.传统图书馆的资源利用率低

数字图书馆通过互联网进行馆际联系,它把分散的单个图书馆或信息资源实体联系在一起,把不同类型的信息按统一标准加以有效存储和管理,并方便用户在网上远程跨库获取信息。数字图书馆不限于一个实体,而是一个信息空间,其数字化信息不受地域和馆藏的限制。为此,它的信息可以通过种种网络环境充分的利用。

第二节 传统图书馆与数字图书馆的比较

传统图书馆现在面临着资金短缺、读者量下滑以及市场形象暗淡等窘境。这不仅具有全球普遍性,还有其客观现实性。随着信息技术的不断发展和广泛运用,人们的生活、工作方式、价值观和思维模式都发生了重大的改变,这种改变给传统图书馆在信息服务行业中的生存和发展带来了不小的冲击。面对发生巨变的社会环境和传统图书馆现状,只对图书馆内部进行局部调整已难以奏效,必须对其管理策略、组织结构、业务流程乃至服务理念等进行全面、彻底的变革,才能保证传统图书馆的生存与发展。

一、传统图书馆与数字图书馆的关系

数字图书馆是以互联网为平台、以通信线路为支撑、以数字信息资源为内容的新型图书馆。它所拥有的数字化文献和所提供的数字化服务是对传统图书馆工作内容的补充和延伸，是传统图书馆服务功能在网络环境下的发展。数字图书馆没有改变其作为图书馆的本质属性和社会内涵，其在文献资源建设、文献分类与编目、全面质量管理等众多方面都离不开传统图书馆的理论支撑。因此，在数字图书馆的建设过程中，我们没有理由放弃图书馆原有的优良传统和理论方法，而应该对它们进行继承和发扬。

传统图书馆和数字图书馆都是随着人类社会的发展和信息需求的变化而产生的，数字图书馆是传统图书馆发展过程中的必然产物，它本身不能与传统图书馆割裂开来。传统图书馆及其馆藏文献资源是数字图书馆形成的基础，而数字图书馆的形成拓展了传统图书馆广阔的服务空间。二者之间是互相补充的关系，而非取代的关系。数字图书馆的发展提高了传统图书馆的服务质量和水平，传统图书馆的数字化建设丰富了数字图书馆的内容，数字图书馆与传统图书馆是相互促进，互为补充，共同发展。

二、传统图书馆与数字图书馆的共性与个性

1. 传统图书馆与数字图书馆的共性

（1）属性相同。传统图书馆与数字图书馆的本质属性是一样的，都是文献信息传播的载体，同为一种社会信息现象，是社会信息系统的组成部分之一，二者都属于社会服务系统。数字图书馆是科学技术和互联网发展的结果，虽然它给传统图书馆注入了新的"血液"，带来了新的面貌，给读者提供了一种在更大范围内快捷获取信息的手段，为信息资源共建共享提供了一条新的途径。但是，不论是传统图书馆还是数字图书馆都是文献信息传递的载体，是人们对信息进行广泛传播的一种工具。

（2）存在的基本宗旨相同。传统图书馆与数字图书馆的基本宗旨都是采集、存储、处理、检索与传播文献信息资源，并采用各种手段为社会广大群众提供最大限度的服务，都是为满足社会需求而存在的。只要图书馆存在，不论发生怎样的变革，

或以何种模式出现，这一基本宗旨都不会改变，而是会永远延续下去。尽管数字技术的发展会从根本上改变图书馆收集、组织、传递以及利用文献信息的方式，但这只是方式的转变，而不是基本宗旨的转变。从另一方面来讲，图书馆是保存人类文化遗产的重要场所，不论何种媒体介质（纸张、声像、音视频、电子或数字形式等），都需要图书馆收藏并为人们提供服务。

（3）服务的基本内容相同。两者都是通过合理建设馆藏、开发文献资源为读者提供周到的信息服务。首先，图书馆要依靠认真细致的读者调查来了解阅读需求和阅读倾向，据此确定收藏文献的品种和数量，使馆藏文献最大限度地发挥效益。其次，通过对馆藏的一次文献进行二次文献、三次文献的加工，开展定题、专题信息服务。从服务这个角度来看，虽然说数字图书馆涵盖了传统图书馆的诸多内容，并在传统图书馆服务的基础上有较大的扩展，形式和方式都有所改变，但其服务的基本内容仍然是相同的。

（4）社会职能相同。传统图书馆和数字图书馆都具有保存人类文化遗产、开展社会教育、传递科学情报、开发智力资源和提供文化娱乐这五项社会职能。两者只是图书馆在发展阶段上的区别，并不是本质意义上的区别。计算机的大规模普及和互联网的畅通为数字图书馆的产生和发展提供了前提条件，而传统图书馆的馆藏、分类、编目、查询、资源共享、传递等固有的模式则是数字图书馆产生与发展的坚实基础。不论图书馆如何发展变化，它的社会职能都不会改变。数图书馆与传统图书馆都对人类文献资源进行收藏并为人们提供服务。

2. 传统图书馆与数字图书馆个性比较

（1）文献来源、馆藏形式和工作重心不同。传统图书馆采购的文献资料一般是直接从不同的出版发行者那里购入，采购的文献资料往往是经过出版商选择过滤（根据出版政策和自身利益等）之后的正式出版物，即第二手资料；而在数字图书馆，用户可以采集科研人员的通信和讨论等第一手信息，不需要出版商的介入。数字图书馆以联合采购的方式，通过现代网络技术使各馆藏书更丰富、更具特色。网络中的 EBB（电子视频）、E-mail 和各大论坛使人们可以在不同地点共同讨论问题，及时了解有关图书馆的订购情况。各馆采访部门可以通过联机实现资源共享，并据此最终做出是否订购的决定。

传统图书馆的馆藏是指图书馆所收藏的各类实体文献的总和。馆藏量的多少往往标志着一个图书馆的藏书规模和实力，然而馆藏总量是受空间和相应的管理服务能力限制的。传统图书馆的馆藏是"实体化"的,是看得见、摸得着的;数字图书馆以分布式数字信息为对象,以网络资源的利用为主体,资源是"数字化""虚拟化"的,是无形的。数字图书馆的馆藏由两部分构成,一是自身采集收藏的资源,二是利用联网所获得的馆外数字信息资源,这种资源无形中也变成了图书馆的一部分,形成了"虚拟馆藏"。

传统图书馆是以采编和典藏为核心的业务过程,即以拥有多少藏书和如何管理、运用这些藏书为主要目的,馆藏的孤本、善本图书不经特批是不能借阅的。而数字图书馆则是以开发利用信息资源为主导的业务体系,是以读者个体为核心来为读者服务,以读者获取信息的个性化需求为主要目的,全部馆藏无条件对用户开放。

(2)容量、服务方式和服务时间不同。传统图书馆的容量受各种因素的限制,而数字图书馆的存储容量几乎是无极限的。数字图书馆具有巨大的包容性,能最大限度地满足人们对信息的需求,用搜索引擎查找资料,可以迅速获取我们想要的资料,这是一种全新、便捷的阅读方式,而在传统图书馆是不可能做到这点的。

传统图书馆的服务方式是读者到图书馆通过接受图书馆的人工服务而获取信息,是被动的应答式服务,其服务内容主要是一般的传播知识,服务形式比较单一。数字图书馆是以互联网为手段,为读者提供主动应答式的多元化网上服务,对信息资源的利用不再受馆藏复本的限制,多位读者可以在不同的地点同时使用,弥补了传统图书馆馆舍固定和藏书数量有限的缺陷。数字图书馆可以为用户提供远程服务,并根据用户的需求设置服务项目和模式,为具体用户提供个性化信息服务,服务模式灵活多样,可满足用户个体化需求。

由于受开馆时间的限制,传统图书馆需要读者在指定的时间到图书馆办理烦琐的借阅手续。传统图书馆提供的是一种间断式服务,给广大用户带来了很大的不便。数字图书馆则具有不受时间限制的特点。由于实行计算机网络管理,数字图书馆可以全年365天24小时不间断服务,全球任何能够连接互联网的地方都可以享受到这种服务,这为用户随时随地使用图书馆带来了极大的便利。

(3)检索手段及利用方式不同。传统图书馆的信息检索大多是利用印刷型的卡片,是"书本目录式"按顺序的线性检索,以手工操作方式为用户提供文献信息服务。数字图书馆对文献内容采用的是智能检索,是通过互联网为用户提供随机的、网状式的信息检索服务,即超文本WWW检索。

传统图书馆的资源利用有限,存在使用冲突问题,一种文献只能供有限的用户使用，不能实现资源共享。在数字图书馆中，一种文献资料可供多人同时查阅或下载，解决了传统图书馆在资料库存方面的冲突问题。数字图书馆信息资源利用的共享化打破了传统图书馆信息资源利用的空间界限，体现了跨地域、跨国界的资源共建的协作化与资源共享的便捷性，这是传统图书馆无法相比的。

（4）评价标准和知识产权归属不同。传统图书馆评价标准一般涉及馆藏、建筑、借阅、服务等方面，已经具备了成熟而完整的评价体系。目前数字图书馆的评价体系正处于研究之中，其在传统图书馆评价的基础上提出了应增加的评价方法：首先是对数字图书馆馆藏内容的评价，包括权威性、著录标准、丰富性、安全性、健康与否、检索是否容易、版权问题是否解决、多语种访问等；对网页设计的评价，一般包括网页结构的合理性、网页界面的友好性、网页设计的交互性等内容；在网络技术方面，相关的评价指标包括网络的稳定性、网络响应时间、网络的有效链接、网络的安全性等；还有数字图书馆的使用日志方面的评价指标，如点击量、下载数、长期用户比率、咨询或寻求帮助的情况等。

传统图书馆几乎不存在知识产权的管理纠纷问题，采购图书避免盗版就可，它涉及的知识产权远没有数字图书馆的范围广、程度深。数字图书馆在作品数字化、数字资源的合理使用、数据库的著作权、数字图书馆网页的著作权、计算机软件的使用和数字化作品网络传输等方面都涉及知识产权的归属问题。

第三节 传统图书馆的转型和创新发展

图书馆的转型其实就是一场关于图书馆的革命。必须明确的是，彻底改变传统习惯和陈旧的服务方式，实现图书馆的现代化、数字化建设并不是一件容易的事情，这是一个系统的工程。对传统图书馆来说，现代化的影响是多方面的，我们必须认真审视、分析并采取合适的应对措施。

一、数字化对传统图书馆的影响

1. 原有的物理空间与新生的虚拟空间将长期并存

随着计算机的普及和互联网技术的迅速发展，大量的信息资源可以很方便地转化为数字形式,进而在全球范围内传输。数字图书馆的出现使传统图书馆的馆藏空间发生变化,在原有物理空间的基础上又增加了虚拟空间。虚拟空间信息资源容量大、集散方便快捷;而另一方面,由于以纸张为载体的图书、报刊等过去一直是各图书馆收藏的重点,人们还不可能将这些有形文化遗产全部转化为虚拟的、数字化的无形信息资源,并且今后相当长的时间内还要继续收藏;加上纸质阅读和数字化阅读各有优缺点,数字化不会也不可能完全取代纸质阅读。因此,物理空间还将长期存在。

2. 图书馆既是信息资源的管理者,又是信息资源的"出版者"

传统图书馆始终是有形文献资源的管理者,它利用其馆藏资源为到馆读者服务。传统图书馆就像一座"孤岛",而数字化、网络化将使它与世界范围内的出版商、单位和个人等客体联系在一起,使其成为互联网大家族中的一员,并对读者提供文本文件、数据库、多媒体等产品及检索服务。互联网是信息存储和传递的重要媒介,任何读者都可以从计算机终端自由、迅速地查阅信息资源,信息的生产者和用户之间的交流变得越来越方便。人们对图书馆的依赖程度大大降低,从而导致作为连接信息生产者和使用者桥梁的图书馆中介职能逐渐衰弱;另外,图书馆还必须充当"出版者"。为了提高文献资源的开发利用程度,图书馆应做好文献信息的组织、整理工作,把大量分散的、无序的信息转变为集中的、有序的信息,通过建立本馆的网站,以出版者的角色,用文本文献和数据库为广大读者服务。

3. 图书馆馆员的职责发生重要的角色转换

传统图书馆的工作人员大多是业务管理员,这种情况随着数字化的到来发生了根本性的改变。以往技术含量高的分类编目工作逐渐退居"二线","一线"服务窗口的重要性与日俱增。图书馆工作人员既是业务管理员,又是信息服务员、系统维护员。他们除了将本馆资源数字化,然后通过网页传递给读者,让读者根据自身需要去检索信息资源之外,还要负责计算机的管理和网络系统的维护,以保证其正常运转。

二、传统图书馆在转型中的应对策略

1. 加强技术设施建设

(1)积极发展图书馆的网络技术。为了使读者能充分有效地利用互联网的信息资源,应尽快实现信息资源网络化、信息检索网络化和信息传输网络化,实现搜索引擎的集成化、检索功能的多样化、检索技术的智能化和服务区域的全球化,并营造优质的网络环境。

（2）更新或升级图书馆自动化管理系统。目前，国内各图书馆使用的成百上千种应用程序的性价比参差不一，其中有的功能不全，甚至不能进行网上采购、编目、查询和服务，应尽快进行版本升级或更新，使用实用、高效并能在网上开展业务和提供优质服务的应用程序。

（3）建立本馆高质量的Web网站。图书馆只有拥有更大的自由发展空间，才能在信息服务中掌握主动。应该在教育科研网、国际互联网、中国计算机公用互联网、中国科学技术网等骨干网上，根据需要和可能性，有选择地在其网页上建立本馆的窗口，做到上网信息丰富、更新信息快捷、传递信息高效。

（4）加强数据库的标准化建设。文献信息的标准化是构建文献资源保障体系的基本条件之一，特别是在网络环境下，坚持标准化是有效利用网络信息和实现资源共享的核心问题。所以，图书馆馆藏数据库建设应统一使用MA标准，与国际标准接轨，以便本馆的馆藏信息能够便捷地提供网上服务。

2. 加强数字化资源建设

搜索引擎的高效与便利性使得数字化资源占得优势越来越大。2004年，Google与美国四所高校图书馆及纽约公共图书馆合作，将图书馆所拥有的纸质文献资料扫描为电子版供读者查询阅读。这样不仅节省了人力资源，降低图书馆的管理费用，加快知识的传播速度，而且提供了多种检索方式。在我国，百度与包括中国科学院国家科学图书馆、北大图书馆在内的多家高校、商业机构合作，建立了全球数量最大的免费中文图书检索书目。以上所述都会导致读者到馆率的持续走低，传统图书馆应该利用自身在资源上的优势与检索层面的专业度，在进行丰富的数字资源整合的同时，提供统一的平台检索与一站式服务。

首先，数字化和网络化使图书馆的文献信息资源建设趋向多元化，既有印刷型文献资源，也有网络资源和电子型文献资源，它们都是图书馆开展服务的重要物质基础。图书馆要在结合自身情况和读者需求的基础上，加大对数字资源的采购力度，尤其要关注新资源的采集，确保资源的有效性与及时性。文献信息资源的采集应体现本馆馆藏特色，既包括学科特色也包括地方特色。加快馆藏纸质资源的数字化进程，文献资源不仅仅是纸质文献，还包括音频视频资料、光盘数据库以及电子出版物等，对于价格昂贵、再版次数少的文献或珍藏书籍进行数字化转换，这样以后查阅使用时就可以最大限度减少对书籍的损耗。此外，还可以与其他图书馆联合，实现资源共享，让读者查询资料时可以跨越时空的限制。

其次，面对内容丰富的数据库，图书馆应充分发挥检索分类方面的专业优势，对资料进行优化筛选，加大网络资源分类和主题指引的力度，力求为读者提供数字化资源的一站式服务。图书馆还应对其网站的框架结构重新整合设计，使资源平台尽可能简单化，避免出现各种分类不明、操作不便的情况，也可以注重发展新媒体平台，如微信公众号等，尝试打造新型查询模式，根据读者的需求和使用便利性为其提供服务。

3. 加强合理有序的组织管理

数字化使图书馆面临着全新的服务环境，其组织管理模式与传统的图书馆有很大的区别。从微观层面来看，图书馆的职能发生变化，成为信息活动的组织者和协调者，需要面向全社会发展读者。其运行机制也将发生重大变化：传统的等级管理体制将被平行部门代替，管理环节减少，组织形式更加灵活，部门间的工作相互渗透，个人的主动性和创造性将得到充分发挥。这种机制带来的是更强的风险意识以及竞争激励，这就要求图书馆必须以读者为中心来选择信息服务的内容和标准，以低投入、高产出体现优质服务和高效率，并根据读者的需要提供个性化服务。从宏观层面来看，数字化又给图书馆带来空前的信息资源共享。为了构建、维系和协调共享网络，使每个成员馆都可以通过资源共享获得各种利益，就必须建立相应的管理中心进行监管和协调。

4. 拓展新型阅读业务

为了加大吸引读者的力度，避免数字阅读的冲击，传统图书馆应充分发挥馆藏丰富的优势和公益性的特点，在丰富、更新馆藏资源的同时，进一步拓展新的服务范围，调整自身的服务方式与操作模式，利用新的阅读载体为读者服务。在2008—2009年期间，中国国家数字图书馆和上海市图书馆就已经推出了电子阅读器外借服务，在引导读者阅读方向、促进知识信息传播方面取得了很好的效果。图书馆可以适当拨出部分经费用于购买数字阅读器并提供外借服务，也可以在版权允许的范围内提供馆内数字图书的下载服务，使读者可以将图书馆的文献资料下载到数字移动阅读器，享受随身携带电子图书阅读的便利；同时，对新型媒介的好奇心也可以提高读者的到馆率。

为了进一步方便读者，提高馆藏资源的利用率，图书馆可以开展自助图书馆，采取网络互联模式下的24小时全天开放模式。例如深圳街区自助图书馆，市民在居住地附近的街区就可以进行借书、预定、还书、申办读者证等服务，此举使读者获取书籍不再受图书馆工作时间的限制，图书馆与读者双方的操作都会更加便捷高效，并且具有更高的覆盖率。

5. 加强队伍建设

要实现传统图书馆向数字化图书馆的转变，核心问题是要以人为本，建立一支新型的馆员队伍。从国际层面来看，世界各国综合国力的竞争实际上就是人才的竞争。从一个图书馆来看，要做好现代化建设，也必须加强人才队伍的建设，具体有以下几点内容。

（1）必须自觉树立信息意识，具备能够分析、评价和进行整理信息的能力，主动实施信息行为，根据不同读者的不同需求，全方位、多角度地灵活选择和提供各种信息资源，帮助他们快速找到所需信息；同时，要具备对信息资源做深度开发和利用的能力，为读者提供增值服务。

（2）必须掌握图书情报专业理论和信息加工、检索等业务知识。在信息化社会，数字图书馆成为国际互联网的重要组成部分，工作人员在搜集、加工和传播文献信息方面的能力要求更高。为了更好地为读者提供优质的服务，必须全面了解图书情报专业理论，对相关学科和领域的知识有广泛的涉猎，并能利用各种专业知识正确判断信息的质量和利用价值。数字图书馆的信息资源是由各种数据库组合而成的，为了本馆的信息资源数字化后联机编目和检索的方便，为了信息资源的共建共享，每个人都应具备较强的业务能力，知道怎样使用机读目录格式，知道怎样做到联合标引的科学性、实用性与一致性，知道怎样开展馆际互借和参考咨询服务，等等。图书馆的工作人员应该成为知识海洋的"领路人"，成为使知识与信息充分服务读者的"加速器"。

（3）必须具备一定的英语应用能力和语言表达能力。为了尽可能多地了解、选择和获得信息资源，每个成员必须熟练掌握和运用英语这一交流工具；同时，还要具备较高水平的语言表达能力。只有这样，才能针对读者的咨询进行简洁、准确的语言回答，才能使发送给用户的电子邮件文本条理清晰、语意明确，才能在为读者提供优质高效的深层次服务时用准确、简明的文字撰写各种信息评价摘要、专题报告和文献综述等。

（4）必须掌握计算机应用技术。信息服务员与系统维护员合二为一的特点决定了图书馆的工作人员还应学会和掌握较高水平的计算机技术和网络技术，具体包括计算机操作技术、网络链接技术、多媒体操作技术、信息存贮技术、联机查询技术、系统安装与维护技术、网上信息组织与分类检索技术，特别是互联网的各种实用技术等。只有这样，工作人员才能顺利进行信息处理并为读者提供服务。

（5）必须具有协同作战的合作精神。当今社会是一个开放的社会，任何默守陈规、闭关自居的图书馆最终都将失去生存的活力和竞争的能力。对个人来说，任何人的知识面都是狭窄的，能力也是有限的。要做好图书馆事业，应尽量缩小人与人之间的情感和知识距离，逐步建立起一种相互信任、相互理解的人际关系，在图书馆的建设与发展过程中互帮互助，合力协作。

三、传统图书馆的管理模式及其转型

1. 传统图书馆的管理模式——管理本位

传统图书馆的管理模式是以有形的信息载体为基础。信息载体主要由两个部分组成，即信息载符和信息载物。前者是指记录信息的符号，后者则是指负载符号的物体，两者共同决定了图书馆的日常管理。自现代意义上的图书馆诞生以来，图书馆的管理就一直受制于有形信息载体——文字型信息载符和纸张型信息载物，并形成了与之相适应的管理本位的信息收集、加工、存储、管理与服务等内容。

具体来讲，有形信息载体有以下几个显著的特点：一是有形信息载体的稀缺性。对现代意义上的图书馆而言，图书、期刊和报纸都是最主要的信息存储介质，但随着图书、期刊和报纸的发行量呈几何级数量的增长，任何图书馆对图书、期刊和报纸的购买、存储和管理都需要花费巨大的人力和财力，这使任何图书馆的文献资源总量都表现出相对的稀缺性。例如，前身为京师图书馆的中国国家图书馆，在1949年新中国成立至1987年白石桥新馆建成的近40年间，年均图书入藏增长28.2万册，远低于同期图书的发行速度。二是有形信息载体的有限性。无论是早期的龟甲、竹简和羊皮，抑或是后期的纸张、磁盘和光盘，有形信息载体都无法从根本上解决一个矛盾，即信息载体存储空间的有限性和信息的无限性之间存在的张力。迄今为止，信息存储的有限性和信息存在的无限性的矛盾，依然无法从有形信息载体中寻找到有效的解决方法。三是有形信息载体受时空的限制。从空间限制上来讲，有形信息载体的收集、整理、分类和存储，不仅在同一图书馆中需要不同的空间，而且在不同的图书馆中侧重点也不一样，因此，文献资料在图书馆的不同部门和不同图书馆之间的传递会受到限制，这不利于文献资源的交流和共享。从时间限制上来讲，有形信息载体的收集、整理、分类和存储，会在时间上表现出一定的滞后性。

有形信息载体的特点决定了以管理本位为特征的传统图书馆管理模式。管理本位的特征具体体现在以下几个方面：一是传统图书馆的功能分割。传统图书馆的管理建立在对有形信息载体的管理基础之上，而有形信息载体的有效管理又因不同种类的载体而有所不同。通常来讲，图书馆基本功能的划分主要是围绕着图书管理、期刊管理和报纸管理来进行的，并以此为基础形成了图书、期刊和报纸的采编、分类、整理和存储等具体分工，且不同类别的不同分工又相互分割，形成了图书馆条块分割的功能格局。二是传统图书馆管理的科层化。条块化的功能分割，使传统图书馆的管理需要协调采编、借阅、参考咨询等部门的关系，而庞大、复杂的科室体系使传统图书馆的管理不得不采用科层化的管理体系。科层化管理的显著特征是标准化，具体表现为员工按照已设定的工作流程进行标准化和模式化的操作，这虽有利于降低有形信息载体和简单人力资本的管理成本，但也束缚了员工的积极性、创造性和能动性。三是传统图书馆本质上是物本管理。通常而言，传统图书馆在日常工作中所提供的服务，主要是围绕着有形信息载体而展开的，常常被限于琐碎的图书管理，因此，有部分学者认为，传统图书馆的管理从本质上来讲是物本管理，即"在管理理念和管理过程中，以文献、书籍等实物为主要管理对象"。

2. 传统图书馆管理模式的转型

随着数字化图书馆的兴建，传统图书馆的管理模式已经很难满足技术的发展和读者的需求，不可避免地经历或正在经历现代化的转型，逐步实现从管理本位到读者本位的转变。具体来讲，与管理本位的传统图书馆管理模式相比，以读者为本位的现代图书馆管理，在管理对象、管理体制和管理定位上都有着显著的不同，更适合时代的发展和读者的需求。

（1）从管理对象来看，传统图书馆应实现从纸质文献到电子文献的转变。正如武汉大学黄宗忠教授所说，数字化图书馆从本质上来讲，既不是一个物理存贮信息的图书馆，也不是一个单独的实体，而是信息以数字化形式在网络上高速传递的信息空间，它能够使处在不同地理位置的众多用户方便快捷地使用不同存储处的电子资源。从纸质文献到电子文献的转变，将会使传统图书馆变成无墙图书馆。

（2）从管理体制来看，传统图书馆应实现从刚性管理到柔性管理的转变。所谓刚性管理，是指以制度和职权为条件，利用约束、监督、强制和惩罚等手段进行管理的方式；而柔性管理是指依据组织的共同价值和文化精神氛围进行的人格化管理。在传统图书馆的科层化体系中，围绕着有形信息载体所进行的标准化和规范化的操作,成为保障图书馆正常运作的重要条件,因而,刚性管理也就成为一种普遍应用的管理方式。但是,在数字化图书馆时代,有形信息载体会被电子信息载体取代,图书馆正常运转的条件是图书馆馆员工而不是文献资源,因此,如何在图书馆管理中发挥员工的积极性和能动性,将成为图书馆管理的重要目标。相较于刚性管理,柔性管理具有明显的特点,如内在驱动性、持久性和有效性等。这些特点有助于柔性管理确立以人为本的管理体制,提高员工对图书馆管理的积极性和参与度。

(3)从管理定位来看,传统图书馆应实现从"仓库保管员"到"知识领航者"的转变。在数字化图书馆时代,图书馆不应将自身定位为简单的"仓库保管员",而应定位为有创造性的"知识领航者",这种新的定位对图书馆馆员和图书馆领导层都提出了新的更高要求。从图书馆馆员工的角度来看,随着文献资料的管理让位于知识的管理,员工的价值并不在于做简单、重复的体力劳动,而在于对知识信息的掌握,为读者提供有价值和有建设性的知识引导服务。从图书馆领导层的角度来看,数字化图书馆所需要的不仅仅是图书馆相关学科的知识背景,更需要的是组织管理经验和能力。

随着信息技术的飞速发展,传统图书馆受到了信息化的巨大冲击,其管理无论是在对象、体制还是定位上都亟须实现转变,以读者为中心的信息化管理模式是图书馆未来管理发展的方向。

四、传统图书馆向数字图书馆转型的过渡——混合型图书馆

混合型图书馆的概念在国外图书馆界早已流传很广,在国内也屡见不鲜,但是并未形成统一的定义。有代表性的观点有:美国图书馆学家萨顿最早提出的,混合型图书馆是"印刷型信息和数字化信息之间的平衡逐渐向数字化倾斜";英国电子图书馆计划主要参与者罗斯布瑞基首次将混合型图书馆的概念引入图书馆领域,他认为这是"将不同渠道的各种技术融合到图书馆的工作环境,探索和开发电子和印刷环境共存的集成系统和服务";伯明翰大学的宾菲尔德教授认为"混合型图书馆既不是仅包含纸质资源的传统图书馆,也不是仅包含电子资源的虚拟图书馆,而是介于两者之间的一个将印刷与电子、本地与远程等各种载体集成于一体的图书馆"。

由上述可知,混合型图书馆是一种由传统图书馆向数字图书馆转变的过渡形态,是纸质文献和数字文献并存、优势互补,并向数字文献发展的图书馆。混合型图书馆的存在与发展有以下四个特点:①从发展趋势来看,数字化的信息资源必将成为

未来图书馆的主要资源形式；②纸张作为人类文明的产物在今后仍有重要作用，因此，纸质文献的收集与整理仍有必要存在；③既然都是必不可少的，那么二者的并存就会成为现实，并且会互相吸收彼此的优点，形成优势互补、共同发展的情况，这种并存发展的情况会长期存在；④既然向数字化转型是必然趋势，并存状态就不会永远保存下去，必然会向数字化倾斜，并最终完成这种转型。

1. 建设混合型图书馆的重要思路——优势互补

在传统图书馆向数字图书馆转型的过程中，混合型图书馆之所以应运而生并且能长期存在，就是因为混合型图书馆吸收了两者的优点，以适应社会发展的要求，这也正是混合型图书馆的生命力所在。因此，在建设混合型图书馆时必须清醒地认识到这一点，准确地把握这一点，并努力去实践这一点。

首先，虽然数字图书馆充分运用信息技术和互联网，可以满足读者对文献信息快速、高质量的需求，但也有它的局限性，如信息安全、版权管理等方面的脆弱性，这反衬出传统图书馆的现有馆藏是一大文献资源优势。对此，不能因其向数字图书馆的转型是必然趋势而对它弃之不用或简单随意地处理。它的优势是一笔巨大的财富，既要用传统的方式充分展示，以发挥其作用，更要在数字化方面多钻研，使其发挥更大的作用。此外，还应充分注意非数字文献信息的采集、整理等，努力在收藏与流通的过程中使用数字化技术。

其次，数字文献在实现信息资源共享方面具有强大优势。实践证明，网络技术的产生与运用对人类生活产生了巨大的影响，网络技术的发展与普及对传统图书馆的工作方式，对读者使用图书馆的方式及相应的要求都发生了很大的变化。

混合型图书馆的建设必须抓住网络技术的运用，实现信息资源的共享，以开拓更广阔的服务领域。

最后，实现优势互补必须围绕一个中心，即明确为什么服务。在图书馆领域，其中心是为读者提供优质便捷的服务；而在社会领域，图书馆工作应围绕为国民经济建设服务、为社会服务的大目标不动摇。只有做到这一点，混合型图书馆的建设才有目标、有方向。

2. 建设混合型图书馆的关键性措施

建设混合型图书馆需要全馆人员对以下问题认识的转变与提高：一是传统图书馆向数字图书馆转变的必然性；二是混合型图书馆存在的合理性与建设的重要性；三是明确图书馆馆员在数字图书馆（包括混合型图书馆）中的角色定位。关键性措施在于：①对馆员的培训，主要是对新技术的理解与应用，特别是自身信息能力的提高，包括信息的获取、存储、检索与提取、预测与选择、分析与整理、综合与评价等多方面能力的获得与提高。努力实现由"守门人"向"信息领航员"的转变，变被动服务为主动服务。②工作方式的转变。传统图书馆之所以无法适应现代社会的发展要求，工作方式的落后是重要原因之一。工作方式和服务方式的转变是当务之急，关键在于采用规范化的标准体系，对各工作部门提出具体要求以加强引导。③现有馆藏的数字化。这既是实现转变的必然要求，也是人员培训提高的重要途径，还是实现优势互补的捷径。

第三章 数字图书馆建设研究

第一节 数字图书馆的认知

一、数字图书馆的概念

目前,数字图书馆是在持续发展中的,国内外学界对其内涵还没有统一的、正式的表述。美国数字图书馆联盟将其描述为一种利用互联网技术和计算机技术获取、存储和整合数字资源,并最终将这些信息资源传播给公众的技术。美国密歇根大学的研究人员提出,数字图书馆是很多个联合代理机制的统称,它使人们能够智能化地、有效地访问全球网络上存在的大量多媒体数字格式,以及仍在不停增长的数字信息。

我国部分学者提出,数字图书馆是将信息资源进行数字化处理,通过互联网将不同空间和平台的信息内容进行整合,进而便于人们进行信息的共享和利用,这是一个浩大的工程。也有一些学者认为数字图书馆是对传统意义上的图书馆进行扩大,对信息进行转化和加工,通过一定的格式存储在网络上,若利用标准的检索方式和检索界面以及配套的计算机网络和信息处理技术,即可享受到相应的数字信息服务。还有的学者强调,数字图书馆是一个大系统,是信息处理工程的产物,从各种平台和载体提取信息,加工成数据,通过网络传播和共享。

根据这些观点,本节将数字图书馆的概念归纳为以下两个方面。

从图书馆自身来说,数字图书馆是其在空间上的延伸,与传统图书馆相比,其不仅有系统化的功能,也能满足信息的远程获取。数字图书馆主要拥有两种资源:一种是有物质载体,有现实存放空间的现实资源;一种是没有物质载体,没有现实存放空间，只占用云端服务器的虚拟资源。图书馆对已转化成数字信息的资源进行整合，通过网络提供给用户，这就是虚拟馆藏。

从技术层面来看，数字图书馆是图书馆通过技术加工和存储的升级产物，其本质是一种多媒体形式的分布式信息系统。这个系统会将不同空间和载体的信息资源搜集起来，用技术手段存储，可以让特定的对象跨区域使用和传播。总而言之，数字图书馆就是更加虚拟和开放的图书馆，是一个更加灵活的知识网络系统，是一个应用更广泛的知识中心。

二、数字图书馆的分类

现阶段，根据服务对象的不同，我们可将数字图书馆分为商业性和公益性两类。商业性数字图书馆：顾名思义，就是具有营利性质的图书馆。这些图书馆一般是有资本支持的，其用途更具有专业性。我国的商业性数字图书馆的投资主要来自国企，它们的业务范围主要是为一些公共和教育部门提供数字资源打包服务，以及为个人提供资源获取服务。商业性数字图书馆的内容主要源于信息内容提供商和数字技术运营商以及电子出版商。高校师生经常接触的知网、维普、万方等平台都是商业性数字图书馆。这些平台有丰富的数据资源，有庞大的数据库，也经营存有海量图书资源的网站。

公益性数字图书馆：与商业图书馆相对的也就是非商业图书馆，即公益性数字图书馆。其更依赖于传统图书馆，在传统图书馆基础上进行建设，主要由政府部门出资和筹划，同时也有科研机构和高校在原有的实体图书馆的基础上进行扩建。它们提供的平台可以满足我们查阅电子书籍和期刊论文等需求。这种平台具有社会公共服务的性质。公益性图书馆从其他平台，包括营利性数字图书馆批量购买数字资源，进行整合，根据用户需求进行分配。这类图书馆主要是服务社会公众的，不以营利为目的，其运营成本主要来自财政拨款，其存在的意义就是追求更高的社会效益。

三、数字图书馆的功能

数字图书馆依托完善的互联网体系和生态，向用户提供优质和便捷的服务，从根本上变革了人们获取和使用信息资源的习惯。数字图书馆主要有以下功能：

（一）信息存储与管理

数字图书馆和传统图书馆都有其存在的意义，主要体现在对人类文化资源的整理和保存等方面。世界各地的图书馆都保存着大量的信息资源，这些信息记录着人类文明的发展进程，是人类宝贵的财富。相较于传统图书馆，数字图书馆对信息资源的保护更具有优越性，主要体现在存储量大、易于备份、便于检索等方面。无论是哪种图书馆，其基本职能必然是信息储存，只有满足此项职能，其他功能才有意义，才能更好地实现。数字图书馆的信息管理职能主要体现在三个方面：一是对信息进行更新，通过智能算法动态地更新信息库，并根据用户的检索习惯对最新的信息进行追踪。二是对信息进行挖掘，数字图书馆更加智能，可以突破知识单元的局限，对知识单元进行归纳和重组，更好地管理知识。三是智能检索信息，用户可以通过不同的检索途径和逻辑进行信息检索，还可以根据用户的习惯和偏好对检索结果进行组织和编辑，输出成用户需要的形式。

（二）信息通信与服务

相较于传统图书馆，数字图书馆更具有信息通信功能。无论是对信息进行汇总，还是对信息进行处理和传播，都需要数字图书馆独有的处理技术和网络环境。基于此，数字图书馆在未来信息社会中所处的地位将越来越高。其提供的通信服务平台和网络工作平台可供国内外用户进行访问和交流。在网络技术的支持下，各数字图书馆之间可以实现高效的信息资源共享。数字资源全球化的趋势将越来越明显，数字图书馆的使命就是满足社会公众对优质信息资源的需求。信息化时代是一个信息爆炸的时代，信息极为丰富，但缺乏规范和约束，较为杂乱无序，无效信息较多，给用户检索和获取信息造成了阻碍，降低了信息利用的效率。在这种环境下，就需要对信息进行整理和规范，数字图书馆的运营管理模式将越来越被社会所需要。

（三）信息传播与交流

数字图书馆在人类文化遗产保护中起到很重要的作用，有价值的作品都应该被收录其中。信息化时代的图书馆更加共享和开放，可以为人们的工作、学习、生活和娱乐提供更好的服务。依托数字图书馆丰富的资源存储，可以满足用户的个性化需求，其提供的社区和平台可以满足用户公开知识和话题讨论的需求。政府和企业可以将图书馆在使用过程中遇到的问题汇总起来，向馆员和专家进行咨询并讨论，实现新闻的实时反馈，便于用户分享和利用知识，有利于知识的创新。数字图书馆是一个巨大的跨学科工程，仅依靠图书馆一方是不可能完成它的使命的，还需要各领域的合作。所以实现不同类型图书馆和数字图书馆之间的资源共享是实现数字图书馆信息服务职能的重要前提，这也是未来数字图书馆的发展趋势。

第二节　数字图书馆个性化主动信息服务

个性化主动信息服务是在大数据环境下为解决"信息过载"和"资源迷向"问题而提出的解决方案。它是大数据环境下信息服务纵向深入发展的结果，也是当前数字图书馆信息服务发展的主流模式。

一、数字图书馆个性化主动信息服务概述

个性化主动信息服务是以用户需求为中心、以个性化服务应用为目标，是一种从信息提供者的角度为用户量身定制的信息服务方式。如何有效获取用户的信息需求就成了个性化主动信息服务的核心和基础，按照获取方式的不同，目前数字图书馆个性化主动信息服务的模式主要有以下两种。

（一）基于用户定制的服务模式

基于用户定制的服务模式是指系统根据用户注册或订阅的方式直接获取用户的基本信息（如用户的性别、年龄、教育程度、从事的专业和研究方向等）和需求偏好来提供服务。通过这种模式获取的信息称为用户信息，由于此类信息明确表达了用户的信息需求，因此更有利于系统在做出相关判断的基础上，进行有针对性的主动信息服务。但是，此模式实施的关键在于用户能否主动参与，如果用户信息的提交过于烦琐或涉及用户的隐私以及敏感信息，那么就有可能导致用户不愿使用系统或提供虚假信息的情况，从而造成系统的实际应用价值降低以及用户信息需求表达不准确等问题。目前这种服务模式的典型应用是个性化信息定制和基于电子邮件的推送两种形式。

（二）基于用户跟踪的服务模式

基于用户跟踪的服务模式是指不需要用户明确提供其信息需求偏好，而是由系统通过跟踪的方式自动收集并动态更新用户的信息需求，以提供相应的信息和服务。用户跟踪的方法包括显式跟踪和隐式跟踪两种。显式跟踪是指系统要求用户对推荐的资源进行反馈和评价，从而达到系统自适应修改用户信息的目的；隐式跟踪不要求用户提供任何信息，所有的跟踪都是由系统自动完成的，隐式跟踪又可分为行为跟踪和日志挖掘。由于这种模式充分考虑了用户需求的变化，并主要通过用户的行为特征（如用户的IP地址、查询的关键词、浏览页面、访问频率、停留时间以及下载次数等）来进行信息服务，并不完全依赖于用户的参与，因此，可以有效避免基于用户定制的服务模式的一些缺点，更准确地反映用户需求与偏好，从而进行高效、高质量的个性化主动信息服务。

二、数字图书馆个性化主动信息服务创新策略

数字图书馆个性化主动信息服务的目标应始终定位在"坚持以人为本的服务理念，不断优化馆藏结构，改进服务的方式和内容，强化自身各项设施建设，广泛开展各项特色服务活动"上，并以此为基础进行创新发展。

具体来说主要包括以下几个方面。

在服务环境方面，图书馆应通过优化设计，为用户营造安全舒适的私人学习空间或适合交流的合作空间，以满足不同用户群体的需求。

在服务方式方面，图书馆应支持在高度复杂和不断变化的信息环境中给不同用户提供不同的个性化信息服务，并开展有效的用户自主服务，突出其核心价值。

在资源利用方面，应不断优化和整理信息资源，加大数字资源的建设力度，减少对实体资源的依赖，更好地保证数字资源的稳定获取。

加强与国内外图书馆和相关专业机构的合作，在拓展外部资源利用的同时，最大限度实现资源的共建共享。

第三节 数字图书馆的建设模式研究

数字图书馆依据不同的建设理念可划分为多个发展阶段,下一阶段的建设模式应在前一阶段的基础上探究新的发展趋势,从而构建与之相适应的新模式。数字图书馆建设模式发展趋势的研究是构建新模式的基础,对提高我国数字图书馆建设水平、推进我国数字图书馆事业的发展具有十分重要的意义。

一、渐变中的数字图书馆建设模式

数字图书馆的建设是一个渐变的过程,它随社会环境和数字图书馆建设理念的发展完善而不断发展创新。数字图书馆产生之初仅为了满足人们通过互联网来保存、获取与共享数字资源的简单愿望,但随着人们认知水平的提高以及相关技术的发展,人们希望从数字图书馆中获得更多的深层次服务,从而推动数字图书馆的建设不断发展。根据不同的建设理念,可以将数字图书馆的建设划分为多个阶段,如资源开发、技术研究和综合研究三个阶段。

在数字图书馆的不同建设阶段,建设模式也不一样,具体如下:①建设主体的变化。在资源开发阶段,数字图书馆的建设主体是传统图书馆,到了技术研究阶段,建设主体不仅包括传统图书馆,还包括各类信息技术公司,而在综合研究阶段,建设主体进一步扩展,几乎包括所有的信息服务机构。②运行机制的变化。最初是政府投入市场化的运行机制,后来逐步转化为多元化投入建设的混合化运行机制。③法制环境的变化。从最初的无法可依到现在已初步建立具有中国特色的社会主义法制体系,以后还会继续完善相关法律法规。以上的各种因素变化使得数字图书馆产生了多种建设模式。

对我国数字图书馆建设模式的研究,不仅要借鉴国外数字图书馆在建设模式上的先进经验,更要结合中国国情,时刻把握国内数字图书馆建设的实际发展情况和发展趋势,并在此基础上构建与之相适应的建设模式,从而推动数字图书馆的可持续发展与建设。

二、我国数字图书馆建设模式的发展趋势展望

数字图书馆的建设主要涉及管理（政策环境）、资源建设、技术支持和服务四个部分。下面将从这四个方面对我国数字图书馆的建设模式发展趋势进行分析和阐述。

（一）数字图书馆建设管理模式的发展趋势

1. 从无序、杂乱到相对统一规划

统一规划是我国数字图书馆建设发展的必然趋势。目前我国数字图书馆的建设还处于相对无序的发展环境中，这种现状由于各建设单位采用的建设标准没有统一，导致各数字图书馆系统之间的兼容性较差，难以较好地实现资源的共建共享。

2. 从独立、自主建设到多方协作建设

我国数字图书馆的建设处于一种相对独立的环境。一方面各数字图书馆的建设单位由于利益诉求等缺少必要的协作；另一方面数字图书馆在传入我国之初时被看作传统图书馆的网络延伸，这就导致博物馆和档案馆等非图书馆单位被排除在数字图书馆的建设范围之外。随着数字图书馆理论研究的不断发展与完善，我国的数字图书馆建设者也已经意识到协作对数字图书馆建设的重要意义。

（二）数字图书馆资源建设模式的发展趋势

从资源的数字化到数字资源采集。数字图书馆的资源建设，可以划分为文献资源数字化和数字资源采集两个阶段。第一阶段主要是将各种非数字化资源进行数字化加工，第二阶段则是强调对数字资源的采集、加工、存储和利用。"全国数字图书馆建设和服务联席会议"所发布的《数字图书馆资源建设指南》中已将数字图书馆资源建设定义为"对信息资源进行选择、采集、组织和管理，使之形成可利用的数字资源体系的过程"。由此可见，我国数字图书馆的资源建设正由文献资源数字化阶段向数字资源采集阶段发展。

从版权规避到版权保护。重视知识产权的保护与利用是数字图书馆可持续发展的重要保证，知识产权是知识经济时代最重要的资源和财富。

（三）数字图书馆技术支持模式的发展趋势

数字图书馆建设中的技术支持与资源建设的地位同等重要。我国数字图书馆在

建设过程中一直存在重资源轻技术的问题，各数字图书馆项目虽然都有技术支持部门，但往往被边缘化，缺少有效参与。同时，在数字图书馆建设中往往采用"拿来主义"而缺乏创新意识，在技术开发上无法取得重大的、本质上的突破。数字图书馆每一个阶段取得的发展成果，都与技术的突破性进展有关。从某些方面来讲，技术是推动数字图书馆发展的动力与支撑。近年来，我国很多数字图书馆建设单位已经开始注重与科研院所等部门的合作，共同开展数字图书馆相关技术的讨论与研发。

从单一共享到复合共享。云计算使得数字图书馆的资源共享由单一共享转向复合共享。云计算是继个人电脑和互联网之后电子信息技术领域的又一次重大变革。简单来说，云计算是指将计算任务分布在大量由计算机构成的资源池上，使各种应用系统能够根据需要获取存储空间和各种软件服务等。采用云计算构建数字图书馆，一方面可以以较低的成本从云计算平台获得巨大的计算能力和信息存储能力，彻底摆脱硬件设备的限制；另一方面，各数字图书馆项目之间可以构建信息共享空间，分享基础设施，并提供共享数据资源以及特色服务等，这一共享机制可以称之为复合共享机制。我国有部分数字图书馆在建设时已采用云计算技术，其中做得比较好的、有代表性的是由中国高等教育文献保障系统（简称AMS）承担的分布式中国高等教育数字图书馆系统三期项目。该项目在建设中提出结合云计算、Web2.0等技术打造ALIS数字图书馆云战略。该平台可以构建多级的ALIS云服务中心。

（四）数字图书馆服务模式的发展趋势

从追求私利到回归公益。回归公益是数字图书馆发展的必然结果。如联合国教科文组织牵头组建的世界数字图书馆项目，其建设目标是将世界各国图书馆和其他文化机构所拥有的珍稀罕见的资料进行数字化处理，并通过网络供所有用户免费查阅，为了促使我国数字图书馆回归公益本性，"全国数字图书馆建设与服务联席会议"发布的《数字图书馆服务政策指南》中明确提出："数字图书馆的服务应立足于公益性，在尊重和保护知识产权的前提下，提供广域网范围的免费服务。"

服务是数字图书馆核心价值和竞争力的体现，是数字图书馆领域的一项重要工作。随着云计算理论及其相关技术的发展，未来的数字图书馆将连成一片包含各种数字化资源的"云"，每个数字图书馆都是这片"云"的组成部分之一。各信息服务机构都将通过这片"云"提供服务，对用户而言，用户面对的是统一的"云"服务界面。用户所有服务诉求都将通过"云"分配到不同的信息服务机构，进而回答用户的诉求。服务协作化是数字图书馆价值最大化的根本保证。

社会的发展以及相关理论的深入研究必将促使数字图书馆的内涵不断发展与完善，其建设模式也将发生一定的转变，实现创造性发展。

第四节　数字图书馆的信息安全管理

数字图书馆作为一个信息系统，其信息的安全性是保障系统运行的基础，同时也是保护著作权和用户隐私的基本条件。数字图书馆的信息安全主要包括信息的完整性、保密性以及可用性等几方面内容。

一、影响数字图书馆安全的因素

（一）软件因素

任何的系统软件在研发过程中都避免不了安全漏洞问题。例如，我们常见的微软的 Windows 操作系统，在操作一段时间后就会自动更新系统漏洞补丁，而在没有更新之前，网络黑客便可以利用漏洞对计算机系统进行攻击；另外，各种计算机软件病毒也是影响数字图书馆信息安全最大的因素之一。尤其是一些盗版软件或网络下载的软件中，经常会携带有不同类型的病毒，一旦侵入计算机网络系统中，严重的会导致计算机系统全面瘫痪。

（二）系统管理人员因素

数字图书馆人为造成的信息安全主要包括：①系统管理人员技术问题或操作失误导致数据信息丢失、泄露、损坏问题等；②系统管理人员利用自己的职务之便，越权访问信息管理系统，删除或篡改信息数据；③数字图书馆管理制度不健全、安全防范意识较差或岗位规范不明确，信息安全管理存在漏洞，系统被外部人员轻而易举地侵入，造成数据信息的泄露和丢失。

（三）环境因素

数字图书馆系统中的存储设备和服务器对于机房内的各项环境指标有着很严格的要求，环境的因素会对正在写入数据的计算机或存储设备产生严重影响。机房内环境过于干燥的话，容易产生静电，进而造成设备的损坏。另外，一些突发性的火灾、水灾及雷电等也会对计算机系统造成破坏，导致存储数据的损坏或丢失。

二、数字图书馆信息安全管理策略

（一）建立图书馆信息安全管理制度

一方面，数字图书馆应成立专门的维护和管理机构，结合图书馆自身的特点，制定出一套行之有效的管理体系，对各部门的工作流程予以规范化，完善图书馆系统的安全责任制度和监督管理制度，使得不同岗位的工作人员都能够明确自己的工作职责，在工作中有章可循、有据可依；另一方面，加强系统运行过程中的日常监督和管理，严格执行技术规程管理制度，强化责任监督，遵循"事前防范、本中控制、事后审计"的原则，加强对系统信息安全管理制度的监督与审计工作，增强系统工作人员遵规守纪的意识。

（二）做好数据备份管理

数字图书馆的数据备份管理是防止数据丢失的有效措施，同时也是维持网络系统正常运行的基础。在管理过程中需要安排专业维护人员定期对数字图书馆的所有数据（尤其是重要数据）进行转存，或者通过磁盘阵列技术来对数据进行实时备份管理。

（三）布置各种网络安全技术

第一，防病毒技术。计算机病毒可以借助浏览器、电子邮件、聊天工具以及移动硬盘等多种途径传播，对于数字图书馆的信息安全威胁极大。目前常用的防病毒技术主要有病毒预防技术、病毒检测技术和病毒清除技术等，在应用过程中需要形成一整套完整的病毒防御体系。另外，图书馆信息安全管理系统中还应当定期对各软件防火墙进行升级，并将软件防火墙以及防病毒软件结合起来，设置隔离区来预防病毒的侵入。

第二，入侵检测技术。入侵检测系统是一种针对网络传输进行的实时监测技术，当系统发现有可疑传输时会自动报警或采取安全处理措施。入侵检测技术是一种积极的安全防护技术，它不仅可以使系统管理人员随时了解系统的安全状况，还能够为管理人员提供安全策略和导向。数字图书馆系统预防病毒入侵、黑客恶意攻击以及网络运行监视等安全管理工作，都可以通过入侵检测技术来完成。

第三，智能防火墙技术。智能防火墙技术是阻止黑客非法入侵网络系统的有效屏障，它综合利用了统计、概率等智能化技术手段。与传统的防火墙技术相比，智能防火墙将包过滤与代理技术融为一体，克服了二者在安全性能上的缺陷，实现 TCP/IP 协议的微内核，其速度远远超过了传统的包过滤防火墙技术，而且降低了网络终端的负担。

（四）营造良好的物理环境

为了防止静电和电磁波对系统的干扰，计算机机房内应铺设专业的抗静电活动地板，地板支架和墙壁都需要做接地和防静电处理，还要严格控制好机房内的温度和湿度：若温度过高，容易导致计算机散热不顺畅，进而影响到计算机元器件的使用寿命；如果是湿度不达标，同样会引起机房内静电过大或者是金属元器件的腐蚀，从而降低电路板和插接件的绝缘性能。另外，数字图书馆还应当加大防火防雷系统、机房专用空调、USP 不间断电源等配套设备，以便为计算机系统的正常运行提供良好的物理环境。

数字图书馆是电子信息技术在图书管理领域内的应用，它以其资源更新速度快、信息共享范围广、节约空间以及开放性强等优势在近年来得到了迅速的发展。

（五）数字图书馆信息安全的管理研究

信息安全管理在数字图书馆信息安全研究中占重要地位，其内容主要涉及图书馆制度建设，管理依从标准的选择，包括馆员、用户管理和协调图书馆与数字出版保存机构的关系等方面。

首先，数字图书馆的制度建设研究。从图书馆管理的角度来看，数字图书馆应根据信息安全目标，建立相应的信息安全管理制度，主要包括操作人员管理制度、操作技术管理制度、病毒防护制度以及设备、软件和数据管理制度等。

其次，管理依从标准选择的研究。在我国，ISO27000系列标准被引入数字图书馆信息安全管理领域，为数字图书馆信息安全的风险评估和控制等管理工作构建理论体系和实践防范体系。信息安全管理体系标准是另一重要标准，有研究按BS7799的内容为南京农业大学数字图书馆流通部构建了一套信息安全管理体系。几年后，这一主张在学术界得到支持。例如，王艳玮等通过对BS7799和等级保护系列标准、SSE-CMM进行对比研究，从标准涉及的内容、发展历程、实施流程、涵盖范围、实施对象及应用现状五个方面分析了两类标准的差异，提出两类标准相互借鉴、互为补充的建议。

最后，馆员、用户管理和协调与数字出版保存机构关系的研究。在图书馆管理方面，要建立起一套让专业的技术人员和非技术人员都能够有据可循的规章制度，做到职责分明，以杜绝由于管理不当造成的违反安全条例的行为。相关人才的引进和馆员培训成为图书馆信息安全管理的重要内容。图书馆通过引进专业技术人员，并对现有信息管理人员进行系统、科学的培训，以提高他们的信息安全素养。此外，馆员间的相互监督也是管理手段之一。在用户管理方面，培养用户正确的网络价值观和良好的自我约束与信息素养能力，可以让用户避免受到各类信息安全问题的困扰。目前的用户管理研究已经突破了用户信息素养的培养和规范用户不当行为两方面的内容，用户被看成数字图书馆系统模型中的重要组成部分。有的学者通过调研分析各商业公司在用户管理方面的措施和不足之处，构建了数字图书馆用户管理的模型结构，着重研究数字图书馆在用户管理方面存在的问题，并在用户认证、资源传输等方面提出了解决方案及安全性分析。图书馆与数字出版保存机构（如数据开发商）的合作方面容易出现由安全性引发的问题。为解决这一问题，较早提出对数字图书馆"云计算"服务参与方进行协议管理的观点，是通过制定服务等级协议（SEA）的条款来保证信息的安全。

（六）信息伦理学的研究

信息伦理主要是研究在信息生产、加工、存储、传播和利用过程中的伦理要求与规范。信息伦理的内容主要涉及信息隐私权，信息准确性与安全，知识产权以及信息获取、传播与控制等。目前，我国数字图书馆信息安全领域中有关信息伦理的研究成果，主要是图书馆伦理建设和从信息伦理角度来讨论图书馆法律法规和政策的制定。

信息伦理学研究为数字图书馆的伦理建设奠定了理论基础，为数字图书馆行业中的各类信息活动提供了道德规范的基本准则。图书馆信息伦理建设的主要内容有保护用户的信息隐私、保证用户公平获取信息的权利、杜绝馆员滥用信息权利等。通过进行伦理道德方面的教育，可以提高图书馆馆员的道德观念，使数字图书馆的信息安全从根本上得到解决。另外，图书馆馆员要认清自己的社会价值和职业价值，遵循伦理与法律的基本要求，既要保障用户财产，也应保守用户的隐私，并且不断提高自身的专业能力。

信息伦理和图书馆法律法规都是以规范和约束人的信息行为目的，它们互为补充。从信息伦理指标的角度来看，我国有多个地方性数字图书馆的法律法规存在隐私权内容单一、知识产权范围有限、信息安全内涵不足、职业伦理未受重视的问题。在今后的数字图书馆立法中要更关注与信息伦理相关的问题。

（七）信息安全保障体系的提出

数字图书馆的信息安全问题是涉及技术、管理或法规政策等方面的一个相互关联、相互制约的体系。

国内数字图书馆信息安全保障体系的构建方式主要有两种：一是从技术手段、管理手段、法律法规及政策的制定三方面来组织和构建。二是从数字图书馆用户信息需求来构建，例如划分三层信息需求用户，并设置相应的访问权限；以层次性的系统分析方法为基础，不同层次间相互配合形成数字图书馆的安全保障体系。此外，也有学者从其他角度研究，例如对预防机制的研究，提出了包括管理预防和技术预防两个方面的预防机制的信息安全保障体系方案。

我国数字图书馆信息安全研究取得了一定的进展，然而也有不足之处有待完善。一是研究内容的不足之处非常明显。例如，法律法规及政策、信息伦理方面的探讨只占极少的分量且停留在理论探讨的阶段，这已成为制约数字图书馆信息安全研究的较大因素。二是虽然有相关学者提出了信息安全保障体系，但只是在理论探讨阶段，未来的具体建设方案和实施还有待完善。目前，数字图书馆信息安全的保障体系由技术、管理、法律法规及政策三个方面构成，信息伦理研究未能在图书馆信息安全领域引起足够的重视，图书馆信息伦理建设也没有被纳入数字图书馆信息安全保障体系中。为保护数字图书馆的信息安全，补齐理论短板，构建健全的信息安全保障体系，迫在眉睫且势在必行。

第四章　智慧图书馆建设研究

第一节　智慧图书馆的架构与运行

一、智慧图书馆的基本架构

大学图书馆的用户主体是全校师生，此外，还有可能为校外用户提供信息服务。高校智慧图书馆的框架根据其定位，可分为技术层、系统层、数据层、资源层、感知层、应用层和服务层，具体分析如下。

（一）智慧图书馆的系统层

1. 技术层

技术层为智慧图书馆提供技术支持，是组成系统层的技术来源，主要包括互联网技术、物联网技术、云计算技术、大数据技术、资源整合技术、社交网络技术和移动通信技术。

2. 系统层

系统层为智慧图书馆各类应用提供基础支撑的保障系统，所有的应用服务均需通过系统层来实现。其主要包括数据管理层、数据分析层、统一认证系统、移动图书馆、信息共享系统和数据库系统。

3. 感知层

感知层为智慧图书馆运行提供基础数据采集和环境感知，主要包括 RFID 感知、二维码认证、声音感知、光度感知、温度感知、湿度感知、烟雾感知和智能定位。

感知层是智慧图书馆的"神经系统",能够及时地反馈外界数据,以帮助智慧图书馆及时地根据外界变化而做出反应。

(二)智慧图书馆的资源层

智慧图书馆的资源层为智慧图书馆提供内容资源,是组成智慧图书馆的"血液和肌肉"。

1. 数据层

数据层提供智慧图书馆所需的各种数据,包括原生数据(图书馆原有的或购买的数据)和再生数据(图书馆各个主体在使用图书馆过程中产生的数据),主要有馆藏结构化数据、馆藏非结构数据、馆外资源数据、用户行为数据、管理行为数据和感知系统数据。

2. 资源层

资源层提供用户所需的各种资源,这是智慧图书馆信息资源的主体,包括馆藏印本资源、馆藏数字资源、数据库资源、馆外信息资源、多媒体资源和数据资源(学术数据资源)。

(三)智慧图书馆的应用服务层

应用服务层主要面向图书馆的管理和应用主体,它是实现智慧图书馆价值的最主要平台。

1. 应用层是智慧图书馆各项应用的承载系统,智慧图书馆的价值主要靠应用层来实现

应用层包括智慧感知系统、智慧资源系统、智慧管理系统、智慧学习系统、智慧馆员系统、智慧社交系统和智慧服务系统。

2. 服务层是智慧图书馆的终端,即智慧图书馆的核心价值所在

服务层主要包括两方面:一是参与主体,主要有图书馆馆员、图书馆管理者、校内用户、校外用户和合作客户;二是服务平台和终端,主要包括内网平台、互联网平台、移动应用平台和智能显示平台。图书馆虽然是公益机构,但现代图书馆特别是大学图书馆也有一些面向用户深度需求的服务,特别是面向系统外用户的深度知识服务,智慧图书馆也会有合作客户。

二、构成智慧图书馆的核心要素

所谓核心要素,是指构成某一事物必不可少的部分、方面或单位。根据智慧图书馆的概念、性质和功能,构成智慧图书馆的核心要素有馆员、资源、服务、技术和建筑。

(一)馆员

智慧图书馆的馆员是智慧图书馆服务的主体,是图书馆活动的主要执行者。图书馆的资源建设、参考答询、流通阅览、学科服务、技术保障等工作环节都需要由馆员来完成。馆员在智慧图书馆中处于中心环节。

(二)资源

资源是图书馆的最主要内容,是图书馆服务开展的基础,智慧图书馆的资源应包含传统图书馆的资源如印本资源,还应包括数字化资源、多媒体资源、数据资源等。

(三)服务

服务是图书馆工作的主要部分,是图书馆存在的根本价值,为用户提供服务是智慧图书馆最重要的工作。智慧图书馆的服务主要包括借阅服务、参考咨询服务、用户驱动的获取与服务、学科化服务和情报研究服务等。

(四)技术

技术是智慧图书馆的基础,是支撑智慧图书馆各个系统的"灵魂"。智慧图书馆的技术主要包括物联网技术、互联网技术、云计算技术、大数据技术、社交网络技术、移动通信技术等。

(五)建筑

建筑是智慧图书馆的物理载体,它为智慧图书馆馆员提供工作场所,为智慧图书馆资源提供馆藏空间,为智慧图书馆服务提供服务场地,为智慧图书馆系统和技术提供物理设备存放地。没有建筑,智慧图书馆就如同"无源之水、无本之木"。

三、智慧图书馆应用系统建设

应用系统是图书馆的窗口，是直接面向一线服务的平台，是满足智慧图书馆参与主体的应用需求和支撑智慧图书馆各项业务开展的重要保障，智慧图书馆的应用系统应当传承数字图书馆、虚拟图书馆等原有的系统，又应当在技术创新和服务创新的基础上发展新系统、新模式。

（一）智慧感知系统

智慧感知系统是智慧图书馆的基础应用系统，通过各种感知手段获得各种感知数据，并应用于实际业务的运作。它又包括图书馆运行状态感知系统和智慧环境感知系统。

1. 图书馆运行状态感知系统

图书馆运行状态感知系统利用电子显示屏、感应器、电子摄像头和互联网、移动通信网络等软硬件设备，来实时监控图书馆运行情况，并及时传递和接收信息，主要包括图书馆人流量信息、读者到馆信息、图书期刊借还信息等。系统能够根据一定时间内用户使用网书馆资源和服务的信息，及时计算并做出反应，方便图书馆进行资源建设和读者服务工作的调整。

2. 智慧环境感知系统

智慧环境感知系统主要是利用物联网技术对图书馆各个功能空间以及图书馆分馆馆舍空间进行实时的环境监控和感知，包括对光照、温度、湿度、烟雾、声音等进行监测，及时返回数据，以供图书馆管理中控系统及时对环境变化做出应对。

光度感知要及时掌握馆内各个空间日光照射情况，并根据需要调整光线进入度值。湿度感知主要对一些特殊的馆藏物进行湿度监控，以便对湿度进行必要的控制。烟雾感知要对敏感区域以及重要馆藏场所进行实时感知，以便及时发现火灾隐患，将火灾事故消灭在萌芽状态。声音感知是为了及时获得环境噪声参数，对出现异常情况进行必要干预。

通过智慧图书馆的智慧环境感知系统，可以实现对图书馆的电、水等资源进行智能控制，能够根据光照、室内外温度、人员密集程度等情况自动进行调节和控制，达到节能降耗的目标。同时，通过图书馆运行状态感知系统，可以有效控制威胁图书馆安全的事件发生，同时达到了智能安防的效果。

（二）智慧资源系统

智慧资源系统是智慧图书馆存在的根本，是智慧图书馆最重要的内容，它包括四个子系统。

1. 知识发现系统

知识发现是从各种媒体表示的信息中，根据不同的需求获得知识，目的是向使用者屏蔽原始数据的烦琐细节，从原始数据中提炼出有意义的、简洁的知识，直接向使用者报告。知识发现系统主要是利用数据仓储、资源整合、知识挖掘、数据分析、文献计量学模型等相关技术，用以解决复杂异构数据库群的集成整合，实现高效、精准、统一的学术资源搜索进而通过分门聚类、引文分析、知识关联分析等实现高价值学术文献发现、纵横结合的深度知识挖掘、可视化的全方位知识关联。

2. 数字资源定位系统

利用数字资源借阅终端，用户可以方便地查询各类数字资源的分布状况，并可按需要使用各类数字资源。

3. 统一检索系统

统一检索系统的建设目的是打造新的检索平台，从而为读者提供强大、便捷和个性化的服务平台，构筑具有高用户黏性的个性化图书馆。这一系统应具有以下五个方面的功能特点：与互联网账户的无缝对接，支持微博、微信等账号登录；与书评网、网上书店的互联互通；个性化的借阅排行和新书推荐；提供读者推荐的绿色通道；简单实用的期刊目次推送。

4. 特色资源管理系统

结合图书馆所拥有的各类特色资源进行分类管理，并进行数字化加工处理，形成管理规范、分类科学、查询方便的特色资源服务体系，并通过云服务平台提供资源对接服务，特色资源以反映当地历史、文化、教育、科技等特色的各类资源为主，通过搭建资源共享平台，促进特色资源得到更好的传播和共享。

（三）智慧管理系统

智慧管理系统的应用主体主要是图书馆管理者和图书馆馆员，智慧管理系统通过各种高新技术，并结合图书馆发展和自身业务需求，推动图书馆管理的智慧化，智慧管理系统主要包括以下几种子系统。

1. RFID 系统

无线射频识别是一种通信技术，可通过无线电信号识别特定目标并读写相关数据，而无须识别系统可在特定目标之间建立机械或光学接触，它是构建"物联网"的关键技术，近年来受到人们的关注。RFID 技术是当前图书馆智慧化建设过程中使用最广泛的技术，已成为智慧图书馆的主要技术标志之一。当前应用于图书馆的 RFID 主要有高频（HF）和超高频（UHF）两种，两者各有其优缺点：高频标签由于受读取距离限制，容易出现数据漏读以及相互干扰问题；超高频标签读取距离较远，但具有跳频特性，会出现超范围误读的情形。总体而言，目前图书馆所用的 RFID 正逐步向超高频标签过渡，跳频、存储容量小、设备成本高等障碍正在逐步被解决。与此同时，RFID 技术还可以实现图书的自助借还，简化借书流程；实现自动分拣、盘点及安全防盗；根据自身状况和需求开发富有特色和个性化色彩的应用功能，最大限度激发应用潜能。RFID 系统建设是智慧图书馆建设的基本任务，要从自身的实际需求出发，选用相对成熟的产品，确保与不同系统之间的互联互通，所采集的数据能为各应用系统所使用。

2. 二维码

二维码能表示高容量的文字、图形甚至声音等信息，是当今应用十分广泛的技术。二维码在智慧图书馆中有多方面的应用。例如，用二维码扫描代替身份识别可实现无证借还；在特定需要的地点提供使用指引；在书库中的二维码能提供书库馆藏类别及架位信息；将图书简介以及书评信息等置于二维码中供读者分享；将图书馆发布的信息以及相关的位置信息等通过二维码传递给读者；将电子资源链接置于查询结果页面，让读者通过二维码下载至手机等终端。智慧图书馆建设过程中需对部分图书和其他馆藏以及读者证、员工证采用二维码技术，进一步丰富数据采集的方式，弥补 RFID 等存在的不足。

3. 智能定位系统

智慧图书馆需要实现对人员、馆藏和图书馆本身的位置感知，必须通过智能定位系统来实现。智能定位系统涉及馆内和馆外定位两个层面。馆外的定位系统主要通过 GPS 系统进行定位，该系统可以感知读者实时的外部位置，结合大数据和云计算技术既可为读者推送周边的图书馆地点以及相关目的地等，又可为读者提供全程的位置导航服务；馆内的定位系统，涉及人员以及馆藏资源的位置定位，人员的定位主要使用 Wi-Fi 和 ZigBee 相结合的定位技术，且以 Wi-Fi 定位技术为主，ZigBee 则作为 Wi-Fi 的补充来提高定位的精确度。对馆藏资源的定位主要利用 RFID 的智能感知技术，由智能书架上的感知系统感知馆藏品上附载的 RFID 信息，并将感知到的结果反馈到图书馆管理系统以及读者的移动设备上实现对馆藏资源的实时定位，实现人性化的服务。智慧图书馆建设需要综合采用各类定位技术，使基于位置的服务能为读者、为馆员和图书馆的管理创造更大价值。

（四）智慧学习系统

智慧学习系统主要是网络学习平台，是一个包括网上教学和教学辅导、网上自学、网上图书馆技能学习、网上学生培训学习、网上师生交流、网上作业、网上测试及质量评估等多种服务在内的综合教学服务支持系统，它能为学生、教师提供实时和非实时的教学辅导服务，旨在帮助系统管理者掌控各种学习内容活动与记录学习者的学习情况及进度。凭借该系统，管理者可以安排各类学习活动与学习者的学习过程。

慕课（MOOC），即"大规模开放的在线课程"，是新近涌现的一种在线课程开发模式。智慧图书馆用户可以通过网络学习平台在线接受慕课教育，这种模式有利于把其他学校优质的教学资源与图书馆优秀的在线平台结合起来，从而更好地为用户提供服务。

（五）智慧馆员系统

智慧图书馆的建设对图书馆的馆员提出了更高的要求，既要让他们成为各类智慧应用系统的行家里手，又要成为解决读者问题的专家。智慧馆员系统是智慧图书馆的核心支撑系统，对提升图书馆的整体管理和服务能力有着重要作用，智慧馆员系统主要建设内容如下：

1. 馆员工作站业务系统

馆员工作站业务系统是馆员开展图书管理业务的基础系统，用于图书信息核查、图书盘点、图书出借情况登记等，需要根据大学图书馆实际业务需要进行针对性开发。

2. 智慧馆员培训系统

学习培训是传统馆员向智慧馆员转型升级的必备条件，建设智慧馆员培训系统，为馆员提供了良好的培训学习平台。学习平台既能保证集体培训的需要，也能满足个人单独学习培训的需要。

3. 馆员任务管理系统

结合馆员具体的工作任务，开发个性化的馆员任务管理系统，根据内部工作要求进行任务分解，对各项工作任务进行动态管理，提高作业管理水平和执行效率。

4. 馆员综合管理系统

馆员综合管理系统包括馆员考勤、绩效、职务等级、财务收支等在内的相关业务，是馆员个人进行自我管理、自助办理各项业务的信息系统。

（六）智慧社交系统

信息技术飞速发展，在改变人们生产方式的同时，也在不断变革人们的生活方式。尤其是在大学生人群中，移动社交功能应用越来越普遍，学生之间联系的桥梁由以前的打电话、发短信逐渐变为利用微信等手机应用来实现，具备强大的智慧社交功能，既是智慧图书馆建设的重要目标，也是迎合新一代读者发展需要的必然选择。智慧社群系统的建设要以"为读者提供融学习、社交和娱乐于一体的城市空间"为基本理念，结合O2O（线上线下）融合发展的思路，为读者提供全方位支持。智慧社群系统的建设内容如下：

1. 微信服务平台

全面丰富和完善大学图书馆微信服务平台的功能，使其成为连接图书馆与读者的纽带。主要功能包括微信号与借书证号绑定，直接凭微信号进行图书借阅和场馆预约等；微信号管理个人图书馆账户，实时获得各种个人数据；利用微信直接获取电子文献、影视频等馆内外资源；利用微信缴纳各类逾期罚款、打印复印以及其他有偿使用的费用；利用微信预订各类讲座、影视频节目演播的座次；利用微信建立学科微信群，服务学科发展需要。

2. 读者评价系统

建设读者评价系统，为读者提供评价和相互分享读书心得的渠道，并通过评价得积分的方法鼓励读者多做评价、认真做评价、负责任地做评价。

3. 读者荐购系统

对读者亟须又符合采购规定、读者反映较好尚未采购的图书，可以通过读者荐购，由图书馆根据实际情况进行采购安排。

4. 合作客户渠道

为各类合作客户提供业务交流和业务联络的窗口，如出版商、书店、地方文化资源提供者、其他图书馆以及其他与图书馆有业务往来的机构等。通过建立网上的业务渠道，为进一步加强合作、简化流程提供技术支撑。

（七）智慧服务系统

智慧服务是智慧图书馆的核心功能，既包括图书馆传统服务的智慧化，也包括利用各种新技术提供的创新服务。智慧服务系统主要包括以下子系统：

1. 自助服务系统

自助服务是智慧图书馆的重要特色，既能满足读者自主选择服务的需要，又能提升图书馆的服务效率和服务水准。自助服务具体项目包括自助办证；自助借还；自助打印复印扫描；自助馆内开放空间预约；自助电子资源检索；自助缴费等。自助服务的形式多样，可根据实际需要不断开发新的自助服务项目，尽可能为读者带来更多便利，同时也让馆员有更多的精力去提供更加专业的服务。

2. 移动图书馆

移动图书馆依托成熟的移动通信网络、互联网以及多媒体技术，使读者不受时间、地点和空间的限制，通过各种便携移动设备（手机、PDA、手持阅读器和平板电脑等）方便灵活地进行图书馆的信息查询、浏览，可一站式查找并获取图书馆纸本图书及电子资源，帮助读者通过移动端的 APP 享受图书馆提供的一系列服务。移动图书馆要重点解决手机客户端访问的 OPAC 系统，通过 APP 访问，读者可以实现基本字段检索、书目查询、阅读全文、新书预约、图书续借、新书通报和关注等主要功能；此外，还应具有提示书籍阅读期限、到期提醒等功能。

3. 个性化定制服务

根据读者兴趣爱好、职业特征以及地理位置等提供有针对性的个性化定制服务，具体的服务内容：个性化图书推荐；个性化电子期刊订阅；个性化讲座推荐；个性化科技查新服务；个性化影视媒体欣赏安排。个性化定制服务将结合读者的需求不断优化完善，探索新的服务项目和服务模式，为读者提供更加切合实际需求的个性化服务。

4. 特色服务

从大学图书馆智慧新馆的实际需求出发，推出各类特色服务。

第二节 智慧图书馆建设的关键技术

图书馆的发展，一直受技术的推动和影响。换句话说，图书馆的发展历史称得上是一部技术发展应用的历史。上海图书馆的刘炜、周德明通过环境分析、文献调研以及专家访谈，得出与本行业未来十年发展较为相关的35个技术，大致可分为五大类，包括服务技术、行业应用、资源组织、应用系统、图书馆新形态，举例如下。

一、感知识别层技术

（一）传感器技术

应用于智慧图书馆感知层的传感器，主要通过对信号或刺激的接收，使自然环境或生产领域中待测的物理量、化学量发生转换并输出，在物联网环境下，传感器主要用于对物和机器的感知，目前主要有作为视觉的光敏传感器、作为听觉的由敏传感器、作为嗅觉的气敏传感器、作为味觉的化学传感器，以及作为触觉的压敏、温敏传感器等。它们就像是机器的感官，通过这些传感器的使用，可以获得外界的信息。随着智慧地球建设进程的推进，传感器技术已在各行各业得到广泛应用，如环境保护、远洋探测、家居生活以及医学监护等，都综合应用了多种传感器。

另外，传感器技术、RFID技术都只是信息采集技术中的一种，不能等同于物联网。除了这两种技术之外，GPS技术、红外技术、激光技术及扫描技术等，都属于物联网信息采集技术的范畴，都能实现自动识别、物物通信的功能。

（二）RFID技术

RFID技术是利用射频信号及其空间期合、传输的特性，自动识别静物或移动物体的一种技术，目前多以芯片的形式存在。例如，通过对馆内图书、设备、建筑等嵌入RFID芯片，就可以实时监管图书馆内的各项工作，并且根据反馈的实时数据，智能化地采取行动，实现自动化管理，节省资源，如自助借还服务、图书定位、自动盘点等。另外，还可以对读者进行芯片的嵌入，芯片中存储每个读者的个人信息，可以作为其身份的唯一标识，轻松通过馆内服务的识别认证，如借阅情况、学习记录等，都能通过此标识进行确认，为读者提供自助化、智能化的服务；同时，图书馆可以根据每个读者的标识信息，制定个性化的信息资源服务。

RFID 是图书馆智慧化的关键技术基础，在智慧图书馆中的应用非常广泛，如照明采光、安全认证、防火通风等，未来的智慧图书馆建设将会更多地用到 RFID 技术，但基于 RFID 需要植入读者标签，这将牵扯到读者隐私保护问题，因此这将是 RFID 应用建设中的最大障碍，需要后续技术的发展，以及政府出台相应的法律政策，保障读者权益，杜绝读者隐私泄露。

（三）iBeacon 技术

它是苹果公司开发的一套开放性协议，通过低耗能蓝牙技术即蓝牙 4.0 的应用，由 iBeacon 基站发射信号，创建一个信号区域，当携带移动设备的用户进入该区域时，便可通过具备 iBeacon 功能的设备与应用方进行通信。读者携带具备蓝牙功能的移动设备，能够进行信号采集和数据汇总，计算当前坐标，依据指纹信息库将读者定位，然后向服务器发送请求，以获取位置服务。iBeacon 技术的工作过程大致可分为三个阶段，即连接阶段、数据采集阶段、定位阶段。

其具体在智慧图书馆内的应用所实现的功能是室内定位和室内导航。基于此技术，图书馆可以实现个性化的位置服务功能。针对读者，对其进行精确定位，并基于其当前所在位置，进行信息推送、图书智能检索、向工作人员求助等，精度能达到 0.5m；室内定位、导航功能，比 GPS 更精准针对工作人员，通过 Unity3D 引擎软件，构建图书馆的虚拟场景，实时获取读者信息、馆区信息，对全境实施动态智能监管。

（四）智能卡技术

智能卡通常是信用卡大小，一种内嵌微芯片的塑料卡。嵌有 RFID 芯片的智能卡，不需要物理接触读写器，便可识别持卡人信息。另外，智能卡之所以智能，是卡内的集成电路，主要包括中央处理器、随机存储器，以及固化在只读存储器中的卡内操作系统。智能卡可以在不干扰主机工作的情况下，自行处理大量数据，并通过对错误数据的过滤，来减轻主机 GPU 的负担，一般用于较多端口数目、较高通信速度需求的场景。

目前，智慧图书馆内应用的"智能一卡通"，大多是以智能卡技术为核心，通过计算机技术、通信技术将图书馆智能建筑内的设施互联，使其成为一个有机的整体。用户只需一张"智能一卡通"，即可实现最简单的钥匙、考勤功能，以及复杂的资金结算或操作某些控制，并可根据需要实时监控管理各部门各局部系统、终端可自动收集信息进行归纳整理，以供图书馆系统进行查询和汇总、管理和决策。互联网环境下的智能下，又可以相互沟通，不仅能实现独立的职能管理，而且可以保证一致的整体管理。例如，城市公共图书馆之间，通过智能一卡通，实现图书的通借通还，真正给读者的生活带来便利，是智慧城市中文化建设的重要组成部分。

二、数据汇聚层技术

（一）数据汇聚技术

智慧图书馆感知层的微型传感器，通过自组织的方式，形成无线传感网络。通过无线传感网络，对馆内的环境、监测对象进行实时监测、感知以及相关数据采集，获取信息，进而为用户提供智慧服务。由于无线传感器网络存在局限，如有限的能量、有限的计算资源等，因而需要运用数据汇聚技术，以减少能量消耗，消除数据冗余，达到增加有用信息流、延长网络寿命的目的。

以数据为中心的路由协议，是数据汇聚技术的主流。根据所监测到的原始数据的特征、表现形式，以及未来应用的不同，在不同协议层对数据含义进行理解，汇聚数据，但一般容易丢失大量信息。例如，信息协商传感协议，主要是在传送数据之前，通过传感器节点之间的协商，不同节点的资源自适应，确保数据传输的效率和质量，在各个节点之间，通过发送元数据进行交流、协商，从而避免盲目使用资源，同时，相对于传输采集的数据而言，传输元数据又可极大地节省能量消耗，另外还有定向传播路由、基于簇的晨次路由协议、基于平衡汇聚树的路由协议等，都可以达到数据汇聚的目的。

聚集函数，主要包括 GOUNT（计数）、AVG（平均值）和 SUM（求和）等。由于感知层的传感器节点空闲时，多处于关闭状态；接到指令或监测对象出现时，才产生传感数据。感知层获取的数据具有阵发性、持续性、不可预知性等特点，可以与流数据类比，处理方法也可参照流数据，即与事件相关的时空查询，聚集函数的使用，虽然可以节省能量，但数据的原始结构发生很大变化，故存在一定的弊端。

（二）Ad-hoc 技术

Ad-hoc 技术是一种点对点的模式，P2P 的连接，类似于直线双绞线。Ad-hoc 是一种特殊的无线移动网络协议，即在网络中没有中心控制结点，每个结点地位相同，形成对等式的网络，每个结点能够进行报文转发，并且具有普通移动终端的功能，同时，因为所有结点可以自由加入、离开网络，某一结点发生障碍，整个网络仍能正常运行，即有较强的抗毁性，Ad-hoc 网络不依赖任何预设设施，而是在分层协议、分布式算法的基础上，各个结点协调各自的行为，结点开机后，会自动形成一个独立的网络。另外，不在同一覆盖范围内的结点通信时，只需要普通的中间结点的多跳转发，不需要专用的路由设备。

Ad-hoc 技术的主要应用有两个，即传感器网络、个人局域网。智慧图书馆中的传感器网络，多使用无线通信技术，但因为体积、节能等因素限制，传感器的发射功率一般较小，无法与控制中心进行通信。而分散各处的传感器作为结点，可以组成 Ad-hoc 网络，进而实现多跳通信。应用了 Ad-hoc 技术的个人局域网，可以实现用户平板电脑、手机等的相互通信，还以像蓝牙技术中的超网，实现个人局域网之间的多跳通信。

（三）传感器中间件技术

中间件是一个软件层，介于底层通信协议、各种分布式应用程序之间，主要作用是使软件模块之间建立一种互操作机制，屏蔽底层复杂、异构的分化式环境，为上层应用软件提供运行、开发环境。基于感知层的应用特征，传感器中间件提供一种开发平台，主要用于隔离物理网络、上层应用。图书馆内的设备因为来源于不同的制造商，造成通信协议、数据格式不同，便可通过传感器中间件技术，提供统一的数据处理、网络监视及服务传送接口。面对图书馆感知层的复杂结构，以及大规模应用开发需要，中间件技术能够提供通用的视图、开发接口，帮助简化开发过程，进而提高效率。

在智慧图书馆的建设中，基于物联网的大规模网络构建，各类图书馆应用的开发，甚至整个中间体系结构，都要综合考虑开发需求和传感器的特点，即感知层不同传感器的特征，以及应用服务层所要实现的服务目标。同时，还要考虑中间件的模型、特色构建。图书馆内的传感器中间件技术，在物联网网关的支撑下，可以细粒度调整不同感知设备的功能，配置分布式应用。另外，通过节点的可编程性，以及任务的重新调度，使节点侧、网关侧相互关联，传感器中间件以其特殊的结构特点，能够以服务的形式满足这一要求。传感器中间件技术在智慧图书馆建设中发挥着承上启下的作用。

三、网络传输层技术

（一）移动通信技术

随着便携式个人通信设备的广泛应用，图书馆用户对短距离的无线网络、移动通信有了更高要求，如无线局域网技术、蓝牙技术、Wi-Fi技术，以及超宽带技术、ZigBee技术等，以其各自不同的技术特点，在需要的场合发挥作用。图书馆智慧性、泛在性的实现，必然离不开无线网络技术。

Wi-Fi技术又可称为无线保真技术，是一个高频无线信号。目前，图书馆基本实现Wi-Fi全覆盖，且绝大多数的智能手机和平板电脑、笔记本电脑，都可支持无线保真上网。图书馆用户通过携带的PC、PAD、手机等，都可以通过无线进行连接上网，进而实现馆内各种用户数据的汇聚、整合。Wi-Fi技术以其独特的优越性，已成为应用最广的技术之一。UWB技术不同于带宽较窄的传统无线系统，如蓝牙、WLAN等，能在宽频上发送低功率脉冲，因此具有较强的抗干扰性，并且在室内无线环境应用中具备很好的性能，同时还具有较高的传输速率、较大的系统容量等特点。ZigBee是一种无线传输协议，ZigBee技术具有可靠安全、复杂度低、功耗小、低速率时延短，以及网络容量大、成本低等特点，成为无线传感网络的关键技术，电子设备之间的数据传输，特别是周期性、间歇性、低反应时间的数据传输，为实现短距离、低传输速率、低功耗的目的，多应用ZigBee技术。智慧图书馆内基于"ZigB"技术的应用也很多，主要是用于实现馆内的智能消防监控系统。

目前，绝大部分图书馆已实现无线互联网全覆盖，并在此基础上推出各种移动服务，读者通过自己携带的移动设备，如手机、笔记本电脑、平板电脑等，登录图书馆主页，使用图书馆的服务。生活节奏的加快，微阅读成为大势，各大高校图书馆的"手机图书馆""移动图书馆"也应运而生。SMS 服务、WAP 服务、APP 服务、网络广播服务等被读者所喜爱，并广泛使用。例如，中国国家图书馆的手机图书馆——掌上国图，不仅能够查看轮播消息、公告新闻，还可以使用服务和资源。随着 4G 技术的稳步发展，未来图书馆中的服务建设，将更加智能、多元。

（二）异构网融合技术

异构网融合是指电信网、互联网及广播电视网，向宽带通信网、下一代互联网和数字电视的发展中，通过技术改造，使这三大网络的功能、业务范围趋于一致，从而实现网络互联、资源共享。智慧图书馆的物联、协同，是通过泛在网实现的。智慧图书馆的泛在网，主要包括两个方面：能够实现人、书、设备和场馆之间互联的物联网；能够实现服务参与方之间数据交换的数据。互联网智慧图书馆通过异构网的融合，实现多种网络通信技术的集成，进而实现任何时间、任何地点为任何用户，提供任何图书馆的任何信息资源的泛在智慧服务。

随着全国范围内异构网融合技术的发展和投入应用，图书馆建设中已出现成功应用异构网融合技术的案例，如杭州市图书馆——文澜在线异构网融合之后，一方面，图书馆用户可使用的上网终端将更多，用户对图书馆资源的访问，如数字文献、多媒体资料及数字期刊等，不受网络形式和地域限制，在任何地方都能通过多种设备访问资源；另一方面，不同网络间的互联互通，不仅使各部门业务上能够渗透合作，而且统一通信协议的使用，使图书馆资源的共建共享变得更加便利。

（三）虚拟专用网络技术

VPN 是一种虚拟专用网技术，通过 ISP 互联网服务提供商和其他 NSP 网络服务提供商，利用隧道技术，遵循一定的隧道协议，在公网中建立私有专用网。通俗地讲，VPN 是指接入互联网的两个或多个机构，因所处地理位置的不同，通过对通信协议的特殊加密，在它们的内部网之间，建立一条能够通信的专有线路技术。智慧图书馆运用 VPN 技术构建虚拟化的图书馆内部专线。

虚拟专用网络不同于公用网络，是对通信进行加密。信息化时代，知识情报变得异常关键，加之 VPN 低成本、易使用的显著特点，使得其在企业网络中应用非常广泛。VPN 网关，主要通过两个方法实现远程访问：对数据包加密，转换数据包目标地址。按照应用的不同，可将 VPN 进行分类，有远程接入 VPN、内联网 VPN、外联网 VPN 三种。针对图书馆内部存在大量的数字信息资源、设备资源，以及泛在环境下用户的个人信息等资源，并且不间断在各用户与用户之间、用户与馆员之间进行流动，这就需要能够保证信息安全的专用网络发挥作用。

（四）数据管理与存储技术

智慧图书馆中数据的显著特征是，数据增长迅速，总量较高；开放性致使数据需 24×365h 保持就绪状态；完全开放，只受安全机制管理。为提供智慧化服务，图书馆需要建立各种关联数据库，用于存放不同来源和用途的数据。对于海量智慧数据的管理，需要基于语义网的内容管理、元数据存储和检索技术，以实现数据资源的智慧化。

语义网是一种智能网络，是一种个性化的网络，它不仅可以理解词语、概念，还能判断词语之间的逻辑关系，根据用户的喜好，自动过滤掉不可靠的信息，提高了交流的效率和价值，用户在使用中可以对其高度信任。目前，在语义网实现技术的研究中 RDF（资源描述框架）、Ontology（本体）是研究的热点。内容管理不同于传统的资源管理方式，是基于组织机构内部资源的有序化管理过程，根据其格式、媒体类型的不同，进行组织、分类、管理。

元数据检索技术，首先按照文件要求，把数据资源划分成块进行管理，划分成固定大小数据块的文件，在 DHT（分布式哈希表）网络的节点上分散存储元数据描述，不仅是系统的语义基础，更是数据资源语义化的基本方式。利用元数据收割工具，从图书馆系统节点中，将元数据采集并提取出来进行处理、整合，然后保存在元数据库中。通过元数据注册系统的使用，查询、映射、转换元数据，以便上层进行元数据检索。

四、应用服务层技术

（一）云计算技术

云计算是一种超级计算模式，因其云状的拓扑结构图而得名。远程云计算数据中心里，大量的电脑、服务器相互连接，形成一片电脑云，通过系统资源的划分，为需要处理资源的单位，动态分配计算机资源，作为一种新兴的共享基础构架方法，云计算的目的是实现更加安全、更低成本的 IT 服务。

云计算最基本的特性是虚拟化、整合化和安全化。面对大规模的数据存储，TB甚至PB级别，需要海量信息处理能力，智慧图书馆利用云计算，可以轻松地进行智慧信息处理。而且对于数据的应用，灵活建立跨单位的语义关联。对用户终端发出的需求，进行智能化回复。用户无须了解复杂环境，便可简单、随意地利用资源。另外，云计算可以有效地解决"数字图书信息孤岛"问题。通过将数字图书资源置于云中心，形成一个数字资源的"虚拟资源池"。用户借助云计算，在虚拟资源池中进行检索，从根本上打破传统图书馆之间的"信息壁垒"。智慧图书馆作为海量数字资源的存储基地，云计算的出现，特别是云存储技术的应用，为其实现各种方便、快捷、高效的智能化服务，提供技术支持。

智慧图书馆应用云计算服务，如基础设施服务、平台服务、软件服务等，都可直接从云计算提供商处获得。分析当前学者们的研究可知，目前，云计算在图书馆内的应用，主要通过两种方式：租用云计算服务，构建基于云计算服务的平台。因为租用服务，在提高图书馆计算服务效率的同时，能节省更多的人力、物力、财力等资源，充分提高了智慧图书馆的运作、服务效率，因此应用更为广泛。

（二）数据挖掘技术

数据挖掘，顾名思义，是从一堆数据中挖掘出有价值的知识过程。严格来讲，是从大量模糊的、随机的、不完全的数据库中，提取出人们预先未知的、有价值的、潜在知识的过程。数据挖掘的过程较复杂，但大致可分为主要的三个阶段：数据准备—数据挖掘—结果分析。数据挖掘的方法较多，如关联分析、预测建模、聚类分析、异常检测等。另外，对于同一个挖掘方法，又可以有多种算法，因此实际应用中就较灵活、多变，具体问题具体分析。大数据环境下，海量的数据资源，使得数据挖掘技术成为公司企业、单位机构发现知识的重要工具。

图书馆作为大量信息的存储机构，随着信息技术的应用，图书馆内的资源变得更加丰富，智慧图书馆环境下，不仅有知识资源，还有用户的身份信息、借阅记录等，这些都属于结构化的信息；另外，还有用户的行为痕迹，如检索方式、存储行为等，这些属于半结构化或非结构化信息。但无论是结构化、半结构化，还是非结构化数据，都是静态存在的资源，要实现智慧化、泛在化，就要通过数据挖掘技术，将各种数据动态串联，以挖掘其深层次的价值。例如，运用数据挖掘技术，综合分析用户的学历、年龄，以及检索历史、借阅情况信息，可以判断用户的阅读偏好，可主动为其推送满足用户喜好的信息，提供个性化服务，还可通过数据挖掘技术，分析有相同偏好的用户群，进而向该群体主动推送书目信息，变"一人独占"为"群体共享"。此外，对新注册的用户，按照其年龄、专业等信息，推断其可能感兴趣的书目，并主动推送或方便用户分类定制、个性化检索等，使图书馆服务变得智慧化、个性化。图书馆运用数据挖掘技术还可研究其用户群的变化，预测未来发展等，以便及时做出决策。

（三）主动推送技术

信息推送技术，是遵循一定的技术标准或协议，以用户为中心，根据用户在终端设置的个性化需求，服务器主动将符合要求的信息，发送到用户终端供用户随时查看、使用。信息服务方式有较强主动性，服务内容有较强的针对性。

在传统邮递服务的基础上，在 WM 信息传送中引入"订阅"概念，是信息推送技术的一大特点，通过用户的订阅，主动为用户传送数据。信息推送服务系统由三部分构成：①用户需求管理数据库。根据用户填写信息需求表，由服务器进行统计分析，建立用户需求数据库。②信息数据库。建立信息库，根据用户需求从 Web 上收集信息，并分类、整理，制定个性化的信息标准，确定信息都能依照标准进入信息库。③服务器信息推送（PUSH）。作为第三代浏览器的关键技术，能有效缓解信息过载。

不同于传统图书馆的被动服务，智慧图书馆最大的特点之一是主动服务。这就离不开信息推送技术的支持，且推送的信息不仅专业性极强，而且有较高的专指性、针对性。在提高图书馆资源使用率的同时，又减轻了网络传输负担、扩大了用户范围，实现了真正意义上的泛在服务、智慧服务。

（四）机器人技术

机器人是一种能够自主控制、自给动力执行任务的机器，是人工智能的一种。它综合运用了多种学科，如仿生学、机械电子科学，以及材料科学、控制论理论、计算机科学等，是将科学技术应用于实践的产物。

目前，根据各行各业的需求，具备不同功能的机器人应运而生，有适用于军事活动、工业生产的，也有适用于医疗救助、农业劳作的。机器人的投入使用，不仅节省了大量资源，更以其高工作效率取得了显著的效果，图书馆也在发展变化中应用此技术，虽然尚未有较成熟的机器人技术应用，但机器人技术的引入，必将提高图书馆的智慧化程度，减少馆员劳动量、劳动时间。例如，在保安保洁岗位、迎宾岗位，以及报刊信件签收分发、信息咨询等岗位，设置具备相应功能的机器人，在解放馆员劳动力的同时，还起到事半功倍的效果，但是，任何事物的出现都有两面性，机器人引入图书馆各项工作中，虽然能带来便利，但会造成一定的经济、社会问题，需要考虑其解决措施。

第三节　智慧图书馆建设的内容与原则

一、智慧图书馆建设的内容

随着社会的数字化、网络化发展，各种挑战接踵而至，图书馆就要不要转型、如何转型问题，一直面临着各方面的压力。换个角度，社会的发展，也为图书馆开创了一个前所未有的时代，包括传统的馆舍、资源建设以及服务创新、合作共享、数字平台建设，阅读推广等，都是图书馆的崭新成果。移动互联网、物联网的出现，平板电脑、智能手机及可穿戴设备等载体的应用，使用户需求发生了巨大变化，不再是以往的简单获取文献，而是直接获取知识、享受智慧服务，随之而来的是图书馆服务模式的与时俱进。笔者简单列举了图书馆不同发展形态下的主要服务模式，使这一变化表现得更加直观。

（一）图书智能分拣、盘点系统

RFID 标签的使用，改变了传统的图书馆工作流程，配合 RFID 设备的使用，图书馆管理数据流的业务流程为：采编—分拣—盘点—借阅。图书进入图书馆后，要先进行分类编目、标签工作后由自动分拣系统分配上架，供读者借阅，读者通过自助借还设备归还图书，分拣系统时归还图书进行整理，后直接分配、上架。另外，由于每本图书都有专属的 RFID 标签，图书的清点工作便变得简单，可通过 RFID 读写装置自动清点，并实时更新图书的存放位置，清楚图书的在架情况。目前，国内图书管理系统研究较成熟的是深圳市远望谷信息技术股份有限公司，具备不同功能的 RFID 设备，在全国 300 多家图书馆投入使用。

（二）馆内自助系统

1. 自助借还一体机

自助借还一体机是射频识别技术的一种应用，通过自助借还系统，读者不再局限于服务台办理图书借还，而是读者自助进行操作的一种设备。拥有图书馆智能卡的用户，借书时只需将智能卡片、待借图书放在各自的感应区内，由自助设备自动扫描识别，读取卡片上用户的个人信息、书籍信息，然后用户核对信息并确认借阅，即完成整个借书过程。相对于借书过程，读者的自助还书过程更加简单快捷，只需点击自助设备显示屏上的"还书"后将所要归还图书放置感应区，然后确认信息并归还，无须出示借书卡；另外，可同时借还多本图书，自助借还系统可 24 小时连续服务。自助借还设备的使用，不仅方便读者，减少了馆内工作量，更提高了图书的流通速率、图书馆的服务品质。

2. 座位预约系统

座位预约系统同样是 RFID 技术的一项应用，实现了图书馆内用户与设备的互联，在每个椅子中植入重量传感器，通过馆内的无线网络，发送是否空闲的信息。控制中心汇总所有信息，在显示屏上以图像形式展示读者可到馆预约，也可通过"我的图书馆"在手持终端预约座位。自助预约系统是图书馆智能化、人性化的体现，用户可根据喜好预约。对于恶意预约用户，通过限制预约权限、减少借阅数量等形式进行惩罚，以杜绝此类行为的出现。

3. 图书馆多媒体终端机

读者自助操作，进行图书馆导航，以及书目检索和报纸期刊的阅读，还能用来宣传展示图书馆。

4. 自助打复印一体机

用户可根据需要，进行自助打印、自助复印，也可将自己需要的纸质图书资源，自助扫描到自己的邮箱，并可通过网络完成异地打印。

5. 触摸屏阅报机

馆内配置多台触摸屏阅报机，供读者阅读报纸、期刊，并能够进行图书馆 3D 全景地图导航。

（三）智能管理和安全系统

1. 综合能耗管理系统

在智慧城市的大背景下，智慧图书馆的建筑主体务必要达到环保、节能的标准。综合能耗管理系统，是在图书馆内部相关设备内嵌入传感器，以便实时控制整个图书馆的内部环境，包括空调、照明、给排水等，在确保读者人身安全的同时，为其营造舒适的阅读环境，并对馆内设备进行在线监控，确保其最佳运行状态和最低能耗。根据图书馆所处的地理环境，选择绿色环保的建材，充分利用气候条件，实现智慧图书馆的安全、节能。

2. 图书安全防盗系统

图书安全防盗系统包括 RFID、磁条双重防盗系统。合法借阅的图书，需满足三个条件，即 EAS 防盗位、EP 及编码字段中的标签类型位、消磁。在联网状态下，对图书实时监测，如有不符合以上三个条件的图书，系统将进行声光报警；脱机状态下，此防盗系统可以实现离线报警。

3. 智能门禁系统

智能门禁系统一般由门禁控制器和门禁读卡器、门禁管理软件、电控锁和开门按钮，以及管理电脑和电磁等主要部件构成。具备联网功能的智能门禁系统，在集成安保系统的同时，还能集成报警系统，当图书馆内因为异常发出火警警报，门禁系统自动打开消防门、其他安全出口；另外，消防门上的电控锁，能够实现火灾时断电，为馆内人员提供逃生路径。

（四）移动服务建设

进入 21 世纪后，随着互联网和信息技术的发展，移动服务方式从短信服务发展到网站服务，再到移动 APP 服务；服务载体从普通手机到智能手机、电子阅读器、平板电脑等，使用户可以随时随地接受或访问图书馆的数字化服务。总的来说，移动服务是图书馆事业上的一次移动革命。

智慧图书馆广泛互联互通的特点，使其能够实现手机、阅读器、IPTV（互联网协议电视技术）等之间的无缝对接。以手机、平板电脑等移动设备为载体的手机图书馆，通过无线上网进行信息的双向传播。基于 4G、5G 手机高速浏览网页的功能，图书馆与数字图书馆之间可实现连接；借助移动短信咨询平台、移动阅读和交流平台，以及网络信息浏览平台，为读者提供书目查询服务，图书的续借、预定和到期提醒服务，参考咨询、读者荐购、个性化定制及移动阅读等服务。读者可以使用手机进行操作，随时随地进行书目检索、图书预约续借和到期查询，获取图书馆的公告信息和讲座预告信息，简单方便。通过相应接口的开发，利用数字图书馆与数字电视的交互，实现二者的互联。用户只要在家通过电视，就能对图书馆的图书进行预约、续借、查询借阅信息、阅读馆藏电子书刊、观看视频公开课资源。

（五）智慧空间重构

信息共享空间是一种创新服务模式，以促进图书馆用户交流、学习、协作和研究，培育用户信息素养为目标。浙江大学图书馆信息共享空间建设相对较成熟，在原有电子阅览室基础上改造而成，主要包括8个功能区：多媒体空间、知识空间、学习空间、研究空间、文化空间、系统体验空间、创新空间、社交空间。

（六）泛在智慧服务建设

图书馆文献服务，是以文献载体为主；图书馆信息服务，是以信息传播为主；图书馆智慧服务，是以知识传播为主。相比之下，图书馆智慧服务，以用户的智慧生成过程为中心，以智慧创造为目的，培育用户运用、创新知识的能力，根据用户的需求偏好、心理认知，为其提供个性化服务。例如，图书馆用户进行资源检索时，图书馆不仅能反馈原始信息，还能快速分析检索结果，组织成综述、研究报告，供用户参考使用，并能按照用户需要的格式，从多种形式的用户终端导出。

泛在网络环境下的图书馆，一改传统服务模式的局限，使服务定位从用户的角度出发，进行服务拓展，使信息资源占有率、信息检索效率得到重点提高，更重视用户的个性化需求。智慧图书馆将服务融入学习和科研中，通过移情感知，获得用户的原始数据，利用数据挖掘技术，获取隐性知识，主动为用户提供个性化、集成化的泛在服务。

情景感知服务。移动环境中，通过智能终端，使用移动传感设备，如RFID、蓝牙、GPS等，采集读者的原始情景信息；通过读者登录时的账号，感知和捕捉其所处位置、借阅记录和偏好等的动态信息，并进行分类和过滤处理。

订制服务/聚合服务。订制服务（RSS服务），是基于RSS即信息聚合技术开展的个性化服务。RSS具有过滤信息、聚和信息、推送信息的功能，因此在图书馆的具体应用有新书通告、电子期刊 RSS 服务、读者个性化信息的定制等服务。

推送服务。根据用户信息需求，智能分析用户请求，通过数据挖掘等分析技术，实现主动推送。基于图书馆泛在云平台，通过语义关联技术，依据用户的历史访问记录，记录用户的关注领域，进而推断其喜好特征，建立需求预测模型。通过电子邮件和 RSS 等手段，向用户推送动态科研信息。

预约服务。预约服务包括纸质资源和数字化资源的预约，自习座位、研讨室等其他移动设施的空间和设备预约，以及培训预约等。

二、智慧图书馆建设的基本原则

（一）标准化和规范化原则

智慧环境下，图书馆信息的采集和加工、传播和利用，都是以网络为依托的。"无处不在"的互联网，对于图书馆建设的便利性是不言而喻的。但若要形成全国范围内的图书馆事业体系，甚至全球范围内的共建共享，统一的标准和建设规范是必不可少的，由此可知，标准化和规范化会直接影响智慧化建设的成败。例如，国际上通用的数据格式标准规范，统一的网络通信协议，符合行业标准规范的设备等。统一的标准、规范、协议，以及可兼容的软硬件，在数字资源系统建设、技术平台构建、信息服务系统开发等过程中，都是至关重要的；在图书馆系统互联互访到其他系统的智慧化建设中，发挥着不可替代的作用。换句话说，智慧图书馆的未来建设及其功能服务更好的实现，必须建立在统一的标准、规范基础之上。

（二）开放性和集成性原则

未来智慧图书馆的发展，将为读者提供智慧化程度较高的个性服务，同时，读者能够互动式或自主式地参与图书馆的服务与管理。在移动互联网的基础上，信息的创建和处理、传输和搜索，都会达到难以想象的高效和便捷，图书馆馆员不再是唯一的信息制造者和发布者，读者也将成为信息数据的创造者，使得信息的扩散更加迅速，信息在"图书馆—读者"之间的流动更加快而直接。智慧图书馆为用户提供的微信互动、微博分享、网上联合知识导航站，以及电话预约、就近取书等服务，降低了图书馆的进入"高度"，使馆员与读者、读者与读者、馆员与馆员之间能够自由互动、协同参与。在图书馆的管理和服务中，读者可直接或间接地发挥作用。

智慧图书馆是在云计算技术、物联网技术的基础上，使各个文献信息机构之间、不同类型文献之间，实现跨系统应用集成、跨部门信息共享、跨媒体深度融合、文献感知服务和集群管理。上海图书馆的"同城一卡通"，使读者对可用一卡通借阅的文献存储和流通状态，能够跨时空、实时获取。在237个总分馆中，跨空间地实现各个单一集群系统的互通互联。通过知识信息的共建整合、无障碍转换、跨时空传递等，实现集约显示、便捷获取。依靠集群化综合服务平台，使知识资源的视角不仅仅局限于点，而是扩展到条、面、区域，从而达到条线的交流、块面的联系、区域间的互动，实现智慧化运作。图书馆要实现服务创新，就必须依靠新技术的智慧化应用。

（三）共建性和共享性原则

全国范围智慧化图书馆体系的建设，一个图书馆的力量是有限的，短时间内很难完成智慧资源建设。几个图书馆之间的信息共享，通过共享人力、物力，可短时间内丰富馆藏资源，最大化地满足用户需求。由此可知，作为个体的图书馆，若想要尽快实现泛在化、智慧化建设，必然需要与其他馆合作，通过共建共享，贡献自己力量的同时，也获得更多其他馆的馆藏资源。

为实现信息资源共建共享，图书馆个体可以相互联盟，一方面，一定区域内的图书馆形成统一体，以联盟的形式采购图书、数据库等，不仅节省资源，也可扩大资源利用率；另一方面，各个图书馆之间可以共享技术、平台资源等，在数字化建设过程中，避免资源重复开发、节约成本，还能有更多的资源用于读者服务，促进图书馆的智慧化建设。

（四）智慧性和泛在性原则

图书馆的智慧化、泛在化主要体现在以下方面：①服务时间和服务空间。无线网络技术的发展，更加智能的自动化服务系统的出现，实现在网络所覆盖的地区，都能体验到图书馆的服务，且连续 7×24 小时服务。图书馆用户通过终端设备，可以不受时间、地点限制地享受数字资源、服务。②服务对象和服务模式，随着移动通信技术的发展，图书馆的服务模式势必要发生改变，为所有连入网络的用户主动推送资源、服务，不再仅限于到馆用户，每个人都能公平地获取所需资源和服务，真正地扩大图书馆服务对象的范围。③服务内容及服务手段。泛在环境下，图书馆之间资源的共建共享，使得图书馆用户可获得资源服务，不再仅限于本馆的馆藏，而是整合不同平台的资源。如共享资源中心、互联网和开放知识库等，同时，对信息加以归纳整理、去伪存真；然后供用户使用，如通过网站、WAP平台拓展数字化资源的利用率。

由此可知，时代背景和技术环境的变化，图书馆的建设发展势必要遵循智慧化、泛在化的原则，才能真正体现图书馆的社会价值。

第四节 智慧图书馆的资源建设

一、智慧图书馆中的信息资源的类型

当前智慧图书馆建设中，除了要满足用户通过智慧图书馆获取泛在服务外，还应存储一定量的纸质馆藏。这是因为，智慧图书馆虽然依托智慧化的技术，构建了智慧化的管理和服务系统，从而提供智慧化的服务，但大部分智慧图书馆同时承载着传统图书馆的功能。图书馆具有搜集和保存人类文化遗产的职能，所以智慧图书馆也必须保存一定量的纸质文献。除此以外，智慧图书馆应不遗余力地开发数字资源、多媒体资源等，这也是由智慧图书馆的性质和特点决定的。智慧图书馆中存储的资源主要有印本资源、数字资源、多媒体资源、数据资源和开放信息资源等，本节将对这几种类型的资源进行详细论述。

（一）印本资源

智慧图书馆中的印本资源主要包括图书、期刊、报纸、工具书、学位论文、会议资料，等。其中图书是印本资源的主要组成部分，在馆藏资源中占据了绝大部分体量，也是除数字资源外获得资源建设经费最多的资源类型。期刊的时效性较高，一般期刊出版社定期出版，学术期刊的学术价值比较高，在学术研究中有极高的地位。报纸与期刊的出版频率高，大部分报纸为一天一期，其信息新颖性高，但大多以新闻性信息为主，也有部分报纸为休闲娱乐类，丰富读者的业余文化生活。工具书是研究学科或领域必不可少的工具类书籍，一般为学校或科研机构的教学科研活动所使用，在图书馆馆藏中使用频率较低，但学术价值很高。大部分大学图书馆具有保存本校学位论文的功能。学位论文具有较高的学术价值，尤其是硕士、博士学位论文，体现了学生研究生阶段的学术研究水平，一般学位论文会花费1~3年的时间来完成。会议资料是指在学术交流会议上用于学术讨论、交流的资料和文献的总称，会议资料内容新颖，传递信息比较及时，学术价值比较高。除此以外，一些大学图书馆的印本资源还包括专利文献、标准文献等特种文献，它们也具有较高的收藏和学术价值。

（二）数字资源

数字资源是文献信息的表现形式之一，是将计算机技术、通信技术及多媒体技术相互融合而形成的以数字形式发布、存取、利用的信息资源总和；从数据的组织形式上看，有数据库、电子期刊、电子图书、网页信息等多种类型。

数字资源的储存方式按存储介质可分为磁介质和光介质两种类型。其中，磁介质包括软盘、硬盘、磁盘阵列、活动硬盘、优盘、磁带等类型；光介质包括CD、DVD、LD等类型，常用的数字资源存储介质为硬盘、磁盘阵列、磁带及CD、DVD、LI等。

按数据传播的范围可分为单机、局域网和广域网等方式。单机利用可以是光盘或安装在一台计算机上的数据；局域网内部利用是用户能在机构内部浏览检索数字资源，但在机构的局域网以外的网络环境中不能访问；广域网方式是指用户可以在任何一个拥有互联网的地方通过一定的身份认证方式或者不需认证就可以访问数字资源。

从资源提供者来看，可分为商业化的数字资源和非商业化的数字资源。前者包括数据库商、出版商和其他机构以商业化方式提供的各种电子资源，如Elsevier公司的SDOS、EBSCO公司的Academic Souree Premier，中国期刊网等数据库，图书馆需要支付一定的费用后再提供给一定的读者群，或者读者个人通过读书卡和其他方式购买数据库的使用权。这些数字资源内容丰富、数据量大，是图书馆馆藏资源建设中的重要内容。后者主要指机构自建的特色资源库、开放获取资源、机构典藏和其他免费的网络资源。这些资源或者由图书馆自行建设，或者可以从网络上免费获取。当然，图书馆特色资源库在建成之后也可以以商业化方式进行运作，此时，对其他图书馆而言，也可以称为商业化数字资源。

(三)多媒体资源

在计算机行业里,媒体有两种含义:一是指传播信息的载体,如语言、文字、图像、视频、音频等;二是指存储信息的载体,如 ROM、RAM、磁带、磁盘、光盘等,目前,主要的载体有 CD-ROM、VCD、网页等。多媒体是近些年出现的新生事物,正在飞速发展和完善之中。

严格来讲,多媒体资源不算是一种资源类型,它是多种媒体的资源的总称,一般包括文本、声音和图像等多种媒体形式。在计算机系统中,多媒体指组合两种或两种以上媒体的一种人机交互式信息交流和传播媒体,使用的媒体包括文字、图片、照片、声音、动画和影片,以及程式所提供的互动功能。

多媒体是超媒体系统中的一个子集,而超媒体系统是使用超链接构成的全球信息系统。全球信息系统是互联网上使用 TCP/IP 协议和 UDP/IP 协议的应用系统。二维的多媒体网页使用 HTML、XML 等语言编写,三维的多媒体网页使用等语言编写。在 20 世纪中后期,大部分的多媒体作品使用光盘发行。进入 21 世纪后,多媒体产品更多地通过网络发行。

多媒体技术涉及的内容:①多媒体数据压缩:多模态转换、压缩编码。②多媒体处理:音频信息处理,如音乐合成、语音识别、文字与语音相互转换;图像处理,虚拟现实。③媒体数据存储:多媒体数据库;多媒体数据检索,基于内容的图像检索,视频检索;多媒体著作工具,多媒体同步、超媒体和超文本;多媒体通信与分布式多媒体,CSCW、会议系统、VOD 和系统设计;多媒体专用设备技术,多媒体专用芯片技术,多媒体专用输入输出技术;多媒体应用技术,CAI 与远程教学,GIS 与数字地球、多媒体远程监控等。

(四)数据资源

数据是事实或观察的结果,是对客观事物的逻辑归纳,是用于表示客观事物的未经加工的原始素材,数据可以是连续的值,比如声音、图像,以二进制信息单元 0、1 的形式表示。

信息与数据既有联系,又有区别。数据是信息的表现形式和载体,可以是符号、文字、数字、语音、图像、视频等。而信息是数据的内涵,信息是加载于数据之上的,对数据具有含义的解释。数据和信息是不可分离的,信息依赖数据来表达,数据则生动具体表达出信息。数据是符号,是物理性的,信息是对数据进行加工处理之后得到的对决策产生影响的数据,是逻辑性和观念性的;数据是信息的表现形式,信息是数据有意义的表示。数据是信息的表达、载体,信息是数据的内涵,二者是形与质的关系。数据本身没有意义,数据只有对实体行为产生影响时才成为信息。

数据的表现形式还不能完全表达其内容,需要经过解释,数据和关于数据的解释是不可分的,例如,93是一个数据,可以是一个学生某一门课的成绩,也可以是某个人的体重,还可以是计算机系2013级的学生人数。数据的解释是指对数据含义的说明,数据的含义称为数据的语义,数据与其语义是不可分的。

对数据的分类,可以按性质、表现形式和记录方式3种类型划分。

1. 按性质划分

①定位的,如各种坐标数据。②定性的,如表示事物属性的数据(居民地、河流、道路等)。③定量的,反映事物数量特征的数据,如长度、面积、体积等几何量或重量、速度等物理量。④定时的,反映事物时间特性的数据,如年、月、日、时、分、秒等。

2. 按表现形式划分

①数字数据,如各种统计或量测数据。数字数据在某个区间内是离散的值。②模拟数据,由连续函数组成,是指在某个区间连续变化的物理量,又可以分为图形数据(如点、线、面)、符号数据、文字数据和图像数据等,如声音的大小和温度的变化等。

3. 按记录方式划分

数据按记录方式划分为地图、表格、影像、磁带、纸带;按数字化方式分为矢量数据、格网数据等。在地理信息系统中,数据的选择、类型、数量、采集方法、详细程度、可信度等,取决于系统应用目标、功能、结构和数据处理、管理与分析的要求。

数据也可分为结构化数据、非结构化数据和半结构化数据。

结构化数据,简单来说就是数据库。结合到典型场景中更容易理解,比如企业ERP、财务系统;医疗HIS数据库;教育一卡通;政府行政审批;其他核心数据库等。这些应用需要哪些存储方案呢?基本包括高速存储应用需求、数据备份需求、数据共享需求以及数据容灾需求。结构化数据即行数据,存储在数据库里,可以用二维表结构来逻辑表达实现的数据。

非结构化数据库是指其字段长度可变，并且每个字段的记录又可以由可重复或不可重复的子字段构成的数据库，用它不仅可以处理结构化数据（如数字、符号等信息），而且更适合处理非结构化数据（全文文本、图像、声音、影视、超媒体等信息）。非结构化 WEB 数据库主要是针对非结构化数据而产生的，与以往流行的关系数据库相比，最大区别在于它突破了关系数据库结构定义不易改变和数据定长的限制，支持重复字段、子字段以及变长字段并实现了对变长数据和重复字段进行处理和数据项的变长存储管理，在处理连续信息（包括全文信息）和非结构化信息（包括各种多媒体信息）中有着传统关系型数据库所无法比拟的优势。非结构化数据，包括所有格式的办公文档、文本、图片、XML、HTML 及各类报表、图像和音频 / 视频信息等。

半结构化数据，就是介于完全结构化数据（如关系型数据库、面向对象数据库中的数据）和完全无结构的数据（如声音、图像文件等）之间的数据，HTML 文档就属于半结构化数据。它一般是自描述的，数据的结构和内容混在一起，没有明显的区分。

二、智慧图书馆的资源建设策略

高校智慧图书馆的信息资源建设，既包括印本资源建设，也包括数字资源建设，还应包括免费学术资源即开放信息资源的建设。

（一）智慧图书馆的印本资源建设

1. 智慧图书馆采访工作的智慧化管理

采访工作由"与读者脱节"走向"强化征询读者意见"。馆藏是图书馆赖以生存发展的物质基础，文献采访作为馆藏建设的第一步，采购水准的高低无疑将直接对图书馆的运作效率的高低产生影响。传统的文献采购倾向于自上而下的采购，直接利用文献的读者常常处于资源建设的最末端的弱势地位。图书馆的服务对象是读者，这是图书馆永恒不变的准则，图书馆释放出其所存在的价值的唯一途径是读者的参与和使用，读者作为图书馆馆藏服务的对象、中心、目的、动力、检验者，图书馆的各项服务都需要体现"以读者为中心"的核心理念，这才符合智慧图书馆"以人为本，可持续发展"的内在特征及"以人为本、绿色发展、方便读者"的灵魂与精神，可以看出，为了适应智慧理念的发展，图书馆馆藏资源的采购需更加倾向于开放化、个性化、大众化，而不仅仅局限于少数采访馆员的研究领域和个人观点。理想的情况是，所有读者均可自由地提出个性化的文献采购要求，图书馆也要据此满足读者相应的文献需求，从而真正意义上实现信息获取的人人平等。实现馆藏资源的采购由"局限于少数有权采购文献的人员"走向"读者的每个文献需求的全面开放"，即文献资源的采购对准读者的文献需求，而实现的方式有读者决策采购、图书馆荐购系统等。资源采集重点由"图书馆内部采购馆员的决策权"向"读者需求"的倾斜，有效排除了相关性低、利用率低的信息，实现读者需求表达渠道的畅通及表达的有效传达，将提高采购馆员的工作成效，同时也减轻了采购馆员的工作量，这也有助于将有限的图书馆经费最大限度地满足用户的个性化需求。加强了借阅者与图书管理平台的对话，增强了借阅者与馆藏资源的互联互通。

2. 智慧图书馆馆藏管理的智慧化

RFID 管理系统是实现纸质资源智慧化的有效途径。通过对物联技术的运用，对图书馆采编、排架、流通等业务流程进行优化，目前，很多图书馆的在架书籍都配备了独一无二的电子标签。

3. *智慧图书馆馆藏存储的智慧化*

纸本文献的远程合作存储。为解决物理空间紧张和图书馆致力于对实体馆藏的维护之间的矛盾，远程存储是一个有效减少馆内开架书库实体馆藏的途径。远程合作存储使各分布式的图书馆共同构建异地的、高密度的，可长期保存纸质文献的存储设备，各分馆拥有本馆所存放文献的所有权，也可选择资源共享或转变文献所有权。各分馆的读者都有权力访问本馆远程存储的资源，在智慧化环境中，图书馆首先要明确它的使命和角色，并依此制定馆藏发展策略，比如，有些图书馆致力于提供对近期学术资源的获取，一些馆更多的是承担长期保存低利用率文献资源的职能。但未来的智慧图书馆趋势是传统的作为保存纸本文献的图书馆正在转变为学习空间、交流中心、创新中心、创客中心。可以推断的是，减少馆内低利用率的纸本文献的空间改造是智慧图书馆的发展趋势之一。

（二）智慧图书馆的数字资源建设

我国大学图书馆所引进的数字资源几乎涵盖了所有的数据库类型，有期刊、报纸、电子图书、学位论文、会议论文、科技报告、法律法规、专利标准、年鉴、参考工具、多媒体资源等多种类型，在多种文献类型中，数字期刊、电子图书、学位论文是引进最多的资源。

1. 明确数字资源建设的规划与原则

资源建设规划是进行资源建设的纲领性文件，是对资源建设的目标、任务、方法、步骤等内容的明确规定。数字资源建设工作的首要任务就是制订资源建设规划。数字资源建设规划是数字资源建设工作的宏观指导，为数字资源建设工作提供政策性的标准和规范，为数字资源建设、数字资源服务与共享提供依据。

大学图书馆应该根据学校、图书馆的发展规划，学校学科建设情况，图书馆的购书经费等条件，制订数字资源的建设规划。建设规划应该包括数字资源建设的目标、方针、程序、模式、建设任务、建设重点、时间规划等内容。

数字资源建设应该遵循以下几个原则：

（1）需求原则

数据库的建设选题要立足用户需求，不能盲目上马，要考虑教学和科研的实际需要，考虑其实用价值和需求程度。具体说来，一方面要满足读者需求，即数据库建设的最终目的是为更多的读者提供更大的便利。如果没有读者的需求，便失去了建库的意义；另一方面要适应学科的发展，要突出重点学科和专业的特色，紧密联系教学和科研的需求，以考虑对教学科研起促进作用，对社会发展和经济建设创造效益为准则。

（2）特色原则

未来大学图书馆是互联网的重要组成部分，特色是数字资源开发和利用的生命，没有特色就没有竞争优势和发展潜力。特色数据库在内容选择和编排上应具有鲜明的资源特色，如民族特色、地方特色、学科特色等，形成特色优势，满足用户对特色文献信息的需求。同时，要考虑本数据库是否在本行业乃至全国高校范围内具有特色权威性，是否是其他综合型数据库无法替代的。

（3）标准化与规范化原则

在数字资源建设中，必须遵循一套标准和规范的解决方案，以实现数字资源的长期存储、相互操作和数据交换，达到分布建设、网络存取、资源共建共享之目的。

（4）共建性与共享化原则

网络信息时代，任何单一的大学图书馆都不可能将所有的信息资源收集齐全，而单纯依靠自身的信息资源、人力资源所开展的信息服务也不能满足读者日益增长的信息需要。在这种环境下，中小型大学图书馆更应积极参与到全国性、地区性或本系统的共建共享活动中，如数据库的联合购买、特色数据库的合作建设、馆际互借以及开展联机合作编目等。共建与同享可提高图书馆数字化建设的效率与效益。

2. 加大力度引进中外文数据库

中文数据库商出于自身利益的考虑，大部分数据库是大而泛，数据量比较多，购买费用也比较高，大学图书馆在引进中文数据库的时候要综合考虑数据库的使用效果、学科专业建设、重复用进、经费投入等问题，合理引进中文数据库。在经费允许的条件下，根据学科专业建设情况，尽量多引进专业性数据库，满足多学科的教师和学生的科研学习需要。

另外，图书馆要在数据库的引进上变被动为主动。目前，许多图书馆在引进数据库时缺乏主动性，大多数仍处在代理商上门推销的被动或用、接受阶段。我们应当通过多种渠道了解全球专业数据库的出版信息，变被动为主动，努力做好图书馆信息资源建设。

3. 加强大学图书馆自建数据库的建设

我国大学图书馆引进的数据库比较多，自建的数据库比较少，自建特色库的质量比较低，本身数据库的资源比较少……基于以上问题，如何加强自建特色数据库的建设，笔者认为应该做好以下几方面的工作：

（1）集中精力收集具有某种优势的信息资源

收集本校师生论文、著作，建成相应的数据库，在图书馆主页上链接，提供给读者检索，是构建特色数据库的一个可行方法。同时收集相关收录和被引用情况，既能反映出学校科研的水平，又能提升服务层次，更好地显示出本馆数字资源的特色。大学图书馆还可以结合本地地方特色资源，建设具有浓郁本地特色的数据库。

（2）对所收集的文献信息进行深加工，形成一批质量较高的二、三次文献

文献信息资源的深层次开发是图书馆信息化建设的重要内容。在信息化建设中，计算机和应用软件等环境只是信息资源建设的重要技术条件和手段，而信息的组织、储存、加工、整理、规范、开发则是信息资源建设的重要基础性和关键性的工作。它直接关系到信息化建设效益，影响着国民经济的发展和科技的创新，是一件比软件、硬件配置更为重要、更为复杂、更为艰苦和更为持久的系统工程。深层次的文献信息资源的开发不仅是为了充分揭示图书馆的馆藏文献信息资源，更主要的是为了更好地提供利用。要抓好图书馆的信息化建设，促进文献信息资源的深层次开发，

必须根据信息量化程度的难易、数据量的大小，统一规范系统数据，制订各专业数据库的建设规划、发展、标准和实施步骤，分工合作、有条不紊、分期分批地进行文献信息资源地全面建设。

（3）根据重点学科、重点课题，对国内外该研究领域的新观点、新思潮、新动向进行跟踪，提供定性、定量的专题报告和论点汇编大学图书馆具有文献资源优势，丰富的馆藏特色文献为重点学科、重点课题数据库的建立储备了良好的资源基础。图书馆担负着学科建设的资料存储和资源建设的重要任务。有些高校已经成立某些学科领域的学科文献中心，大学图书馆的重点学科文献相当丰富，文献内容的广泛性、系统性、连续性，有利于重点学科数据库的建设。例如，清华大学的建筑数字图书馆、北京林业大学的林木育种数据库等建设都与本校的优势学科紧密相连。

4，加强高校联盟，实现资源共建共享

实现各数字化图书馆之间的互联和资源共享，是数字化图书馆发展的必然趋势，也是解决资金短缺的一个重要举措。资源共享的基础是共建，因此要在管理体制和资源配置方式上进行改革，变单一建设为集中建设，变封闭式管理为开放式管理。改变大而全、小而全的思想，避免重复建设，浪费大量的资金和时间。各馆要转变观念，树立全局意识，把自身建设放在资源共建共享的大环境中来考虑。积极参与数字资源的整体化组织与建设，通过紧密协作，统一规划，统一标准，在互惠互利的基础上制定高校数字化资源建设的整体目标。

第五章 图书馆阅读服务理论探究

第一节 图书馆阅读服务概念及其特征

一、阅读服务的概念

本书中图书馆阅读服务是指图书馆利用馆藏资源、空间资源、人力资源等向社会公众提供与阅读相关的服务。如阅读推广活动服务、数字阅读服务、阅读空间打造、新书推荐、阅读指导等，直接或者间接促进国民阅读的服务。信息载体形式多样化带来阅读方式、阅读内容、阅读目的"连锁反应"。信息载体有传统、数字、多媒体等多种形式，阅读方式从传统阅读方式到移动阅读、滑频阅读、交互阅读和体验阅读多元阅读方式共存。

赵俊玲等人在其著作中指出，虽然阅读是一种个性化体验，但是许多人片面认为阅读是一种个体行为。该作者还指出一个合格的阅读主体不仅应该具有阅读意识还应该具有一定的阅读能力。阅读能力包括选择文献的能力、理解内容的能力、阐释能力与批判分析创新能力。

阅读不仅仅是指个体、单向的行为，同时也指一种双向互动社会活动。激发国民阅读兴趣、帮助国民培养阅读习惯、提高国民阅读能力是图书馆提供阅读服务的出发点和目的。涉及阅读研究的学科十分广泛，如教育学、心理学、社会学、图书馆学等多个学科。

二、阅读服务的特点

图书馆阅读服务是图书馆利用自身资源开展与阅读相关的一系列活动的服务，"以人为本"的服务理念贯穿整个阅读服务。

图书馆阅读服务的特点主要体现在服务理念与时俱进、服务资源多元化、服务方式多样化以及智能化和专业化。图书馆阅读服务有以下特点：

（一）坚持以人为本

阅读服务一直坚持"以人为本"理念。随着社会发展，人的需求发生改变，阅读方式发生改变。图书馆阅读服务"以人为本"看似不变但一直随着民众的需求与时俱进，传统阅读方式主要提供传统阅读服务，数字阅读方式开展移动阅读服务等数字阅读服务，从安静阅览空间到分享交流、热闹非凡的阅读活动服务，从信息中心角色到创造、分享、休闲娱乐的第一空间转变。"以人为本"理念贯穿阅读服务每一个时期，是与时俱进的具体表现。"以人为本"是以满足"人"的需求为出发点，根据"人"的需求变化改变图书馆阅读服务方式和服务内容，是指导实践活动的指南针。

（二）阅读资源多元化

图书馆多元化资源建设，不再局限于传统资源。虽然图书馆传统资源是资源建设的重要组成部分，但是目前图书馆资源形式多种多样，包括纸质资源、数字资源、多媒体资源、三维信息资源和其他形式资源。多元化资源建设为提供高质量、优质化服务奠定坚实基础。

（三）阅读服务方式多样化

阅读服务包括流动服务、阅读空间打造、数字阅读服务、虚拟阅读体验服务、阅读推广等多样化服务。阅读服务已经融入读者生活、工作、学习等各方面，图书馆向学习、休闲、娱乐、交流、创造多功能"第三空间"转型。

（四）服务手段智能化

图书馆借信息技术创新之风推动服务智能化发展。大数据、云计算、智能感应技术、智能导航技术和增强现实技术及虚拟现实技术、人工智能、5G 等各种新技术逐渐应用于阅读服务，促进图书馆阅读服务智能化，新技术发展创新引领阅读服务发展。

（五）服务人员专业化

图书馆服务人员专业化是提供服务质量和水平的基本要求，图书馆越来越重视馆员知识结构层次化和专业化。图书馆追求服务专业和服务深度，阅读服务是图书馆服务的核心工作。阅读服务专业化和深度化是图书馆服务的基本要求，因此馆员专业素养提升十分重要。目前社会各界对于阅读推广人才的培养十分关注，图书馆界关于阅读推广人才的培养和培训已经开展，对阅读推广人才培养给予高度重视。

三、图书馆阅读服务的意义

图书馆是人们的终身学习场所，是保障公平获取知识的信息中心，也是捍卫平等自由的社会机构。图书馆开展阅读服务对社会文化建设、图书馆事业发展和个人成长具有重要意义。

（一）推动社会文化建设

社会发展离不开文化软实力，国民文化素质提高对"文化自信"具有积极影响。推动全民阅读，建设书香社会是我国长期以来推动的系统工程。全民阅读旨在促进全民培养阅读、学会阅读、喜爱阅读、享受阅读，并从阅读中得到提升，从而提高全民文化素养。图书馆在全民阅读活动中扮演着重要角色，全民阅读追求目标是"每一个人都参与阅读行列"强调"人人"。在开展全民阅读活动的社会机构中，唯有图书馆能够实现为"每一个人"提供服务。图书馆阅读服务包括为公众提供阅读指导服务，为未成年读者和儿童提供（低龄和学龄）的绘本阅读服务、家庭亲子阅读指导服务、针对老年人读者的特殊需求的阅读服务，移动阅读服务等可以满足"每个"读者的个性化需求。图书馆俨然成为推动全民阅读的主要阵地。图书馆通过阅读服务提高国民阅读素养，提升国民文化素质，为我国文化建设注入新鲜活力，推动社会文化建设进程。

（二）加快图书馆事业发展

我国公共图书馆法和图书馆服务宣言中有相关条例阐明阅读服务是图书馆重要使命，图书馆提供阅读服务是履行社会职能和承担社会责任的具体表现，图书馆自身发展也离不开阅读服务，倡导全民阅读、书香社会和学习型社会推进给图书馆事业发展带来机遇。在图书馆阅读推广服务中宣传图书馆，彰显其社会价值，为图书馆事业可持续发展创造良好条件和环境。

（三）促进个人成长

阅读对每一个人的影响是巨大的。人们成长的每一个阶段都需要阅读，阅读可以影响人的性格，阅读能够培养良好品质，阅读可以拓宽眼界，阅读可以使人智慧，阅读能够充实自我。古今中外，阅读都被视为成长过程中最应该培养的习惯之一。

图书馆开展阅读服务为个人成长提供一个随时随地"充电"的空间，同时因为阅读服务具有服务方式多样、服务内容丰富、服务资源多元等特点，可以满足不同读者的阅读需求。阅读引导、阅读推广、阅读分享、阅读空间打造等让更多国民认识阅读、了解阅读、爱上阅读，意识到阅读对个人成长的重要性。图书馆开展阅读服务为读者提供阅读资源和阅读空间，服务不同年龄段的读者，从服务"小读者"到关注"大读者"，帮助人们在成长过程中培养阅读、训练阅读、学会阅读、爱上阅读，让阅读成为不可或缺的人生"伴侣"。

第二节　图书馆阅读服务发展演进

阅读，已经成为全球关注的焦点。"世界读书日"为推动更多人阅读而设立，我国学习型社会、书香社会构建以及倡导全民阅读也是为了让更多国民加入阅读行列之中。图书馆作为社会文化服务机构，阅读服务是其履行社会职责和实现社会价值的途径之一。信息科技发展与创新、国家政策出台和国民阅读方式改变都在影响图书馆阅读服务的发展演进。

一、阅读服务发展演进时期

长期以来，人们是通过纸本等传统文献载体进行阅读。图书馆提供的服务都是传统模式、被动服务。20世纪初，人们对图书馆的需求和社会发展对图书馆服务的影响，使图书馆出现"开放藏书启迪民智"的观念转变，使图书馆服务理念实现从"重藏轻用"到"以用为藏"和"以人为本"的转变。这一时期的阅读服务主要以馆藏图书资源外借、阅览为主。从古代藏书楼"藏"，至"广开启民智"的公共文化服务，图书馆阅读尚处于传统服务阶段。

（一）传统阅读服务

图书馆传统阅读服务时期的主要内容是文献外借、阅览服务、参考咨询服务以及传统阅读宣传等。

1. 服务内容

（1）文献外借。传统阅读服务时期的主要服务是文献外借，文献外借从闭架服务到开架借阅服务，节省读者时间，也便于读者选择图书。文献外借服务在这个时期主要有传统手工借阅、馆际互借以及流动图书馆等借阅方式。

（2）阅览室开放。传统阅读服务时期图书馆主要作为藏书空间、流通空间和阅览空间。随着开架服务的发展，藏书空间和阅览空间逐渐合一，并且趋向于借、阅、检、询统一服务。阅览室作为图书馆传统阅读服务的实体空间，利用图书馆空间资源为读者提供服务，是阅读空间打造的最早体现。这个时期的阅读空间打造主要是为读者营造安静幽雅的阅读环境及阅读氛围。

（3）传统阅读活动。图书馆从"为书找人"的角度出发，开展阅读推荐、阅读指导、交流会、培训班、图书展览等形式多样的阅读活动，不仅向广大民众宣传图书馆，让更多的人认识图书馆、了解图书馆并走进图书馆和利用图书馆，同时也为阅读服务打开了新视角。

2. 服务特点

传统阅读服务受到古代藏书楼"重藏轻用""重管轻用"思想和现实条件的制约，图书馆服务工作常常受到忽视，这个时期的阅读服务在服务模式、服务观念、服务方式和服务重点等方面具有特定特点。

（1）服务理念被动。传统阅读服务过程中主要围绕"书"和"馆内"开展服务，重心在"藏书"和"管书"方面，因而不能根据读者需求主动提供服务，只能等待读者走进图书馆才提供服务。虽然开展流动服务，但是并未针对读者需求提供服务，被动性较强。

（2）服务内容单一。传统阅读服务时期有图书借还服务、实体阅览服务、书目推荐、传统阅读指导、读书交流会、培训班及图书展览等阅读服务，阅读活动存在形式化，读者参与活动较少，对读者活动满意度调查回访等也未引起审视。

（3）服务范围局限。传统阅读服务的局限性制约读者对图书馆的认识和利用。服务局限性表现在空间距离、开放时间、管理制度方面。首先，空间距离是指读者与图书馆的距离，空间距离是影响读者需求行为转变为利用行为的直接因素之一。其次，在过去很长一段时间里，图书馆的开放时间与读者的工作时间基本一致，导致读者利用图书馆受到限制。最后，这个时期对图书管理有着严格的借阅、阅览和检索制度，这些管理制度对读者进行限制，甚至有些书库不开放，导致服务局限性和封闭性。

（二）数字阅读服务

随着信息技术的发展，社会逐渐进入信息化、数据化时期，人们获取信息的方式和手段不断发生变化。图书馆资源建设出现纸质馆藏和数字馆藏"两条腿"并行的情况，因此图书馆阅读服务也不能停留于传统阅读服务层面，人们对电子书、阅读APP等数字阅读媒介的选择，也促使图书馆改变阅读服务模式。阅读方式也出现传统阅读、互联网阅读和移动阅读方式共存，国民阅读方式改变图书馆阅读服务模式，同时数字图书馆建设提上日程，图书馆资源建设、管理、服务方式等多方面发生巨大变革。图书馆顺应时代发展，阅读服务从传统服务时期进入数字阅读服务时期。

1. 服务内容

（1）阅读导航。阅读导航是图书馆数字阅读服务的第一步，阅读导航指深层次、多角度地组织和揭示信息内容，以读者容易使用的方式展示馆藏，让用户轻松发现所需内容，即帮助读者更有效地找到所需资源。图书馆网站栏目设计和布局体现阅读导航功能，为用户发现馆藏和检索资源提供导向服务。

（2）阅读提供。阅读导航是帮助用户快速寻找资源的服务，而阅读提供则是为用户解决"如何读"的问题。传统阅读载体是纸质文献，数字阅读载体则是数字化资源，图书馆数字阅读提供在线阅读、资源下载和数字阅读器借阅等服务。

（3）阅读互动。图书馆阅读互动服务是指读者参与图书馆开展的活动，实现读者与图书馆馆员、读者与读者之间互动交流。图书馆论坛是读者与图书馆馆员进行交流、评书荐书的平台。论坛是一种随意性较强的虚拟空间，读者可以自由地在论坛上发表自己的想法和建议，而图书馆馆员则需要做好管理和引导工作，保障论坛"杂而不乱"，为读者创建一个良好的阅读交流空间。

（4）移动阅读服务。移动阅读方式兴起，给图书馆的发展带来新机遇和挑战。移动阅读服务是指图书馆针对移动终端推出数字图书馆APP软件或者数字阅读平台，读者在移动终端上可以利用图书馆资源，了解图书馆动态等。移动阅读服务具有移动性与即时性。数字阅读平台在资源整合和共享方面具有优势。

（5）"微"服务。"微"服务是指图书馆利用"微博"和"微信"平台提供阅读服务。"微"服务不仅在宣传推广图书馆方面具有优势，在与读者互动、提供咨询服务方面也具有优势。"微服务"是数字阅读推广活动宣传的有效方式，结合线上线下宣传，引导更多读者学会阅读、利用图书馆资源学习，提升个人的素养和能力。

（6）数字阅读推广活动。图书馆数字阅读推广是利用网络平台提供阅读活动服务，解决了传统阅读服务时期服务受众、服务时间局限的问题，使不能到馆的读者可以通过数字阅读推广活动享受图书馆阅读服务。数字阅读推广活动已经由"网络书香"主题活动发展到了视频、讲座、征文比赛、信息检索等内容丰富的服务。

2. 数字阅读服务特点

（1）服务模式主动化。数字阅读服务时期图书馆服务由被动向主动转变。图书馆根据读者阅读方式，改变资源建设类型和内容，从传统资源到数字资源等体系化、特色化建设，为数字阅读服务奠定资源基础。通过网络媒体、新媒体等新媒介向读者推送图书馆相关信息。阅读服务从等待读者走进图书馆，到为读者推送信息、主动服务。

（2）服务方式多样化。图书馆利用互联网、新媒体开展阅读服务，如电子阅读器外借、数字阅读APP资源、扫码阅读、阅读平台资源整合、数字阅读推广活动等方向。数字阅读服务方式多样化，在服务中应用新技术不断提高服务效率、服务水平和读者满意度。

（3）服务平台在线化。数字阅读服务在线是指在网络平台上开展服务工作，数字阅读服务是从实体空间走向网络空间，阅读资源数字化推动图书馆服务空间的拓展和延伸,从服务进馆读者到通过互联网、新媒体等方式服务馆外读者。不仅扩大了服务受众范围,还可以将潜在读者转变为现实读者,拉近图书馆阅读服务与读者的距离,同时也能够引导读者走进图书馆,利用图书馆的各种资源,进而实现图书馆的社会价值。

(三)智能阅读服务

随着智慧城市的建设与发展,智慧图书馆研究与实践也提上了建设日程,图书馆阅读服务也迎来新的时期——智能阅读服务时期。大数据、数据挖掘技术、物联网技术、情景化技术、人工智能等技术的成熟与广泛应用为图书馆带来新机遇。"图书馆学新五定律"应用目的是提高服务质量和满足用户需求,并非以"技术至上"作为目标。智慧图书馆建设不仅需要人工智能技术的支撑,更需要智慧图书馆馆员人才。智慧馆员是智慧服务、智能服务的核心,技术是辅助手段。

1. 服务内容

(1)智能机器人。智能科技的成熟与应用对于智慧图书馆建设十分重要,图书馆智能机器人服务在阅读服务中发挥了很大作用,智能机器人通过交互系统、语音系统等与读者进行交流,为读者提供图书定位和智能导航,给出最便捷的取书引导路线,不仅给读者带来新颖体验,同时能够节省寻找资源时间,提高服务效率。智能机器人还可以提供读报、读书以及分享其他读者读书感悟等服务。

(2)虚拟阅读体验。虚拟现实技术(VR)应用于读者阅读体验,通过穿戴式设备提供虚拟场景体验服务。虚拟体验服务有虚拟+阅读、虚拟+检索、虚拟+查询等。

虚拟阅读体验让读者的阅读更加轻松、愉快并且更沉浸于阅读之中。场景式阅读体验是智能阅读服务方式之一,为读者打造一个全景化阅读空间。现实增强技术(AR)也带来阅读新体验,扫描二维码,就可以体验不同于传统方式的阅读乐趣。

(3)品牌阅读活动。智能阅读服务时期的阅读推广活动致力于打造品牌化阅读推广活动,通过打造品牌阅读推广活动,形成具有特定目标人群、活动名称、活动标识、活动方案、活动宣传等一系列完整品牌活动规划。这个时期的阅读推广活动从专业上进行深度挖掘,注重活动分级细化,针对更多的群体开展活动,服务辐射面很广。

(4)城市公共阅读空间。城市公共阅读空间是图书馆打通"最后一公里"的阅读服务,而且城市公共阅读空间是自助、智能化管理,为人们提供自助办证、自助借还等服务。这个空间从绿色、智能、便民、地域文化的角度进行设计,不仅在地理位置上充分考虑便民，还具有地域文化特色。亲民、便民服务方式让更多的人享受到图书馆的阅读服务。

2. 服务特点

（1）服务场所泛在化。智能阅读服务场所已经不限于馆内，城市公共阅读空间打造及人工智能技术的应用，使图书馆阅读服务已经渗透读者日常生活的每一个角落。24小时自助图书馆、城市书房、地铁图书馆等各种服务形式弥补了图书馆阵地服务的不足，同时也拉近了人们与图书馆、与阅读的距离。

（2）服务融入高新科技。阅读服务应用技术越来越多，新技术的应用使服务高效化、智能化和人性化。3D技术、虚拟现实技术、智能定位和物联网、人工智能等新技术的应用对馆员的专业需求更加严格，馆员的知识素养需要不断加强学习和培养。

（3）服务推送智能化。大数据、数据挖掘、用户画像等新技术的应用是图书馆实现智能化推送的技术支撑，读者阅读信息和行为可以通过图书馆借阅系统和读者信息管理系统进行分析统计，从而对每一位用户的阅读行为进行标签化处理，形成读者的用户"画像"针对读者的阅读习惯和兴趣进行精准化、个性化推送。智能化推送服务在馆内活动、馆藏结构、馆内导航方面也有所体现，根据读者在馆内的位置，通过定位系统进行馆内信息推送，让读者随时了解馆内动态以便及时参与其感兴趣的活动。

（4）阅读推广品牌化。智能阅读服务时期要求提高优质化服务，阅读推广活动品牌化是图书馆阅读服务主流形式，阅读推广活动针对目标人群策划品牌活动已经成为图书馆界的共识。阅读推广品牌化离不开阅读推广人才培养，因此人才培养成为图书馆服务建设的重中之重。

二、图书馆阅读服务发展演进影响因素

（一）国家政策指明阅读服务发展方向

全民阅读已经受到国家和社会的高度重视。从近几年国民阅读调查发现，国民阅读氛围浓厚，阅读兴趣高涨，阅读活动需求强烈，阅读推广得到社会各界关注。《中华人民共和国公共图书馆法》指明公共图书馆发展方向、基本目标和重点任务，

同时也为我国公共图书馆事业发展提供法律保障。图书馆是一个公益性的文化服务机构，以满足读者信息需求为目标，是引导阅读、帮助阅读、解决阅读问题的阅读服务阵地。阅读服务是图书馆服务的工作基础，为国家政策出台和法律制度建设指明阅读服务发展方向，因而做好阅读服务工作才能巩固图书馆社会地位和得到国民认可。

（二）信息技术创新引领阅读服务发展

人工智能、5G等高新科技逐步融入日常生活，给人们带来更多便利和新体验，图书馆在对信息技术的应用方面一直先行者，其运用高科技不断提升自身服务质量。从被动服务模式到主动服务模式到如今自助化、智能化、人性化模式，离不开信息技术不断创新，同时信息技术的创新也为阅读服务带来创新机遇。由此可见，信息技术创新对图书馆阅读服务发展具有引领作用，信息技术创新发展过程中，图书馆阅读服务从单纯手工服务方式向在线化、自助化、人性化、智能化发展。随着人工智能和5G等技术的成熟和普及，图书馆将会不断优化服务、拓展服务、创新服务，为读者打造智能化、人性化的阅读空间和环境。

（三）国民阅读方式改变阅读服务模式

从国民阅读调查中发现，阅读已经从静止的阅读到行走的阅读，从系统化阅读到碎片化阅读，从深阅读到浅阅读，从心灵领悟到视、听、说等全感官阅读方式，国民阅读方式已经不局限于传统阅读，而是多种阅读方式并存。国民阅读方式改变阅读服务模式，在传统阅读服务时期图书馆为读者提供文献服务；随着移动阅读方式的流行，图书馆从传统阅读服务模式转向数字阅读服务和智能阅读服务，服务方式和内容都发生了改变。21世纪，阅读开始趋向生活化和休闲化，图书馆为读者开展阅读活动，打造阅读空间，提供虚拟体验服务。国民阅读方式改变阅读服务模式，关注国民阅读行为和阅读需求，需要图书馆转变服务方式和内容，提供人性化服务。

三、图书馆阅读服务发展基本要素

图书馆阅读服务发展不仅受到外部因素的影响，同时也受到基本要素影响，这些要素主要表现在资源建设、空间打造和阅读活动开展三个方面。

（一）资源建设是服务基础

资源建设是图书馆事业可持续性发展的必要条件，也是提高阅读服务的基础条件，正如"巧妇难为无米之炊"，在没有阅读资源的条件下也很难提高服务质量。资源建设在图书馆领域一直是一个重点和难点问题，特别在数字化、信息化的今天，信息技术创新使得信息知识载体、获取方式发生很大变化。资源建设需要长远计划，不仅需要考虑传统资源和数字资源建设，更需要考虑资源建设的体系化和特色化。多元化、体系化和特色化资源建设有利于阅读服务不断创新，保障图书馆事业可持续性发展。

（二）空间打造是服务拓展

阅读空间打造可以拉近人与图书馆的距离，把图书馆服务融入生活，让人接近图书馆、走进图书馆、走进阅读的世界。空间打造旨在提供更人性、更舒适、更温馨的阅读环境。把"第三空间"和"空间再造"理念融入阅读服务，拓展服务内容和方式，不再只是提供阅读资源。图书馆空间再造是在互联网时代下，实现空间服务功能重组与转型的重要举措。"第三空间"是为人们提供便利、学习、交流的地方，同时可以休闲娱乐、放松心情、修身养性、消除内心压力等。图书馆空间打造是阅读服务的拓展，它以读者需求为中心，功能布局适宜流畅、格局衔接自然合理，创造和谐、宽松、情感、平等的人文环境，同时也能够根据实际需求提供服务。

（三）阅读推广是服务创新

阅读推广是图书馆服务新常态，同时也是阅读服务创新形式。图书馆是阅读推广的主要阵地，图书馆馆员是阅读推广的主力军，图书馆阅读推广活动是阅读服务内容深化、教育职能升华、未来运行新常态，是创新的新表达。

阅读推广活动服务对象广泛，图书馆必须明确活动目标人群和阅读需求，有针对性地开展活动。正因为阅读推广面向的群体具有差异性，所以带来创新机遇也存在服务挑战，同时也要明确活动内容和推广方式，不同的活动内容会产生不同的阅读效果。阅读推广服务是图书阅读服务创新方式之一。

第三节 图书馆阅读服务优化策略分析

为了应对目前图书馆阅读服务面临的挑战，同时也为了给读者提供优质阅读服务，本节从加强多元化资源建设、打造多样化阅读空间、提供优质化活动服务等方面提出策略，以促进图书馆事业发展。

一、加强多元化资源建设

图书馆资源建设是图书馆阅读服务基础，图书馆发展的根本也依赖于馆藏资源建设。随着信息技术的发展，知识的形式不再局限于纸质资源，图书馆必须注重纸质资源、数字资源、特色资源等多元化资源建设，才能满足国民阅读需求和保障自身建设事业发展。

（一）资源类型向传统资源与数字资源并重发展

1. 重视传统资源建设规划

（1）传统资源建设经费合理化

在数字出版时代环境下，图书馆数字资源建设越来越受重视，国内外高校图书馆的数字资源经费远远超过纸质资源经费，甚至占了总经费的70%~80%，增长迅速。公共图书馆近几年的数字资源建设投入也增长迅速。虽然数字资源建设比重逐年增长，但是对于纸质资源建设也不应忽视。各馆根据自身服务定位，应合理分配各类资源建设经费并做好资源采购策略。纸质资源和数字资源"两条腿"并行方法是图书馆资源建设的最佳解决方案。两种资源建设的比重则需要根据图书馆服务性质和服务读者需求进行策划采购方案。不可一味追求数字资源使用上的"快、广、精、准"的优势而忽视其内容同化、价格昂贵等问题，同样纸质资源建设也需要考虑品种、成本等问题。未来数据库资源建设发展趋势应该更多地考虑联盟、合作、共建共享，而纸质资源建设更趋向于打造特色馆藏建设，但是都离不开"两条腿"并行的发展需求。

（2）注重读者驱动采购模式

为了解决图书馆图书利用率和流通率低的问题，图书馆在图书采购工作中应合理结合读者需求开展读者驱动采购模式服务，把部分资源经费用于读者参与资源建设的采购模式上，不仅增强读者参与感和满足对新书阅读的需求，同时解决图书利用率和流通率的问题。读者驱动采购模式把读者从阅读资源利用者转变为阅读资源建设参与者，既满足读者对于新书的需求又践行"以人为本"服务理念。目前，读者驱动采购模式有多种类型，如实地即采即借型，图书馆与书商合作，形成馆中店或者店中馆模式。馆中店模式如佛山市图书馆的新馆采购，店中馆模式如内蒙古的"彩云服务"；线上快采快借型，即读者在图书馆管理系统中认证后便可以在线上通过合作书商的线上平台选择图书进行采购借阅，书商将读者所选图书通过配送商快速运送到读者手上，该模式在浙江省图书馆和新华书店集团已经得到了较好的实践效果。

图书馆注重读者驱动采购模式应该结合图书馆整体发展考虑读者驱动采购模式服务开展的价值，加强与图书馆其他服务活动结合，如与读者信息素养教育、学科服务、信息共享空间建设等结合，以拓展读者驱动采购模式服务的价值和作用。

（3）注重多品种采购

面对纸质资源建设经费减少的情况，图书馆在纸质资源建设时应该注重多品种的采购策略。

2. 转变数字资源建设方式

随着数字图书馆建设和公共数字文化共享工程的推进，图书馆在数字资源建设工作中逐渐将重心转向数字资源共建共享和数字资源整合方面。数字资源种类越来越丰富，依靠一个图书馆的力量越来越难以满足读者需求，因此，联合建设数字资源平台以及整合数字阅读平台资源成为加强图书馆数字阅读资源建设的重要方式。

目前国内在教育、公共文化、社会科学三大系统中联合建设中国高等教育文献保障系统，中国国家数字图书馆、文化共享工程、国家科技图书文献中心等项目，主要都是高校图书馆、公共图书馆和专业图书馆间的共建共享。在公共数字文化共享工程建设过程中，图书馆、博物馆、档案馆、文化馆等机构的联合共建共享还存在数字资源建设标准不统一、缺乏跨系统服务平台等问题，图书馆联合档案馆、博物馆、美术馆等社会机构建设数字资源平台需要强化共建共享思想，强调权利与义务相统一；需要完善统筹管理制度，保障共建共享建设进程；需要构建数字阅读平台标准体系；需要加快构建联合数字阅读平台法律保障等各方面建设。

3.整合数字阅读平台资源

整合数字阅读平台资源是指将物理上、逻辑上自主分布的、异构的数字资源，通过运用各种集成技术和方法将它们透明、无缝地连为一体，为用户提供"一站式"的服务平台，包括"统一检索、资源链接、身份认证、个性化服务等，同时通过整合能简化图书馆对馆藏资源的管理"。

图书馆整合数字阅读资源的方式多种多样，其一，通过联机公共检索目录系统。这是基于传统书目管理的整合方式，根据整合对象的不同进行馆外整合和馆内整合，馆外整合可以实现本馆与不同馆的系统数据库对接，建立统一的接口后便可以实现资源整合目标。此外该系统还可以进行核心资源整合和相关资源整合，核心资源整合是将系统中书目信息与其电子全文图书、电子全文期刊及视听资料的对应链接，相关资源整合主要指书刊与其评论信息、来源信息的对应链接。其二，建立链接式数字资源整合，即通过网络超文本链接技术将相关知识点链接在一起，从而形成具有相关性的知识网络，为读者提供数字阅读资源的便捷途径。其三，通过跨库检索系统整合数字阅读资源，不同的数据库检索界面和检索方式有所不同，通过整合跨库检索界面可以提供读者检索效率和读者体验度。整合数字阅读资源检索界面是指将检索界面和检索结果反馈界面统一化，通过聚检索技术为读者提供服务。聚检索的服务只是一个代理检索界面，它并没有资源库，通过将读者输入的查询请求转换成相应数字资源系统的检索语言和条件，同时将各个资源系统的检索结果反馈到同一界面，读者点击链接便进入相应数字资源库。

4.开放获取资源建设

开放获取资源建设方式是图书馆界应对数据商资源判断的策略。开放获取资源建设可以在一定程度上缓解数字资源"漫天要价"困境，同时网络信息资源数量庞大，可以为图书馆数字资源建设提供保障。此外这些信息资源建设成本远远低于数据库商的定价。开放获取资源建设的优势，目前已经成为图书馆数字资源建设过程中不可缺少的建设方式之一。

（二）资源内容兼顾体系化和特色化

资源建设不仅需要考虑资源类型，如数字资源、传统资源、视听资源等多种类型资源建设，同时也应从资源内容体系化和特色化视角进行资源建设规划。

1. 地方文献资源建设

首先根据图书馆所处的地域人文环境和地区发展明确特色馆藏资源的建设范围，可以在自身馆藏资源基础上强化特色资源建设，打造特色资源库或者平台。如从地方文献、地方人文、少数民族文化特色等角度考虑资源范围，并且不局限于当地采集，有意识地扩展地域范围，形成多维资料来源。其次，地方文献不仅需要维护文献原本形式，也要拓展其他类型，才能更系统、更完整地进行自身建设。地方文献资源建设最终目的是服务，因此，宣传工作成为建设过程中重要的组成部分，使文献资源为人们所知并加以利用才能实现资源建设的真正价值。

2. 读者知识资源建设

王子舟教授在《论"读者资源建设"的几个问题》中阐述读者资源的类型和特点，分析图书馆对于开发读者资源的重要意义。文章中指出读者资源有读者的知识资源、人力资源、关系资源、资产资源等类型，其特征具有内障性、活态性、不稳定性、稀缺性、自组织性等。

读者知识资源建设的意义和价值已经得到验证，图书馆开展的借阅"真人书"活动就是开发利用读者知识资源，虽然国内外真人图书馆活动理念和主旨存在一些差异，但是都体现出读取读者隐性知识挖掘和关注读者需求的理念，读者知识资源不仅具有内容的广泛性、隐性和活性的知识形态，而且具有阅读的互动性。不同于固态的图书馆阅读资源，其可以通过面对面的借阅方式，实现双向的知识流通。图书馆建设读者知识资源需要考虑以下几点：

其一，明确读者知识资源建设的目的和主旨。首先，在明确活动主旨后确定资源建设的主题和选题范围，在主旨确定后通过选题确定读者知识资源建设来源，如面向社会公众征集，只要有意愿的读者都可以成为知识资料来源，包括普通民众、特殊工作岗位人员等；也可以根据主旨需求控制来源范围，面向社会精英、在一定领域中具有影响力的人。

其二，组建专门工作成员。由专人负责读者知识资料来源范围、采集方式和借阅方式，同时在真人书借阅活动中承担策划、宣传等工作保障活动顺利进行，负责与提供知识资源的读者沟通相关事宜，达成共识。

其三，规范资源建设流程。资源建设工作的稳定开展需要规范化组织与指导，根据馆情制定有效的管理机制和运行机制，可以通过政府和社会出资赞助保障资源建设经费，同时在法律许可的条件下制定读者知识资源建设的相关工作制度。此外，加强宣传工作，提供读者知识资源建设的知晓度和认可度。资源建设的最终目的是服务读者，因此在建设的过程中加强宣传力度，不但可以使更多读者了解图书馆建设工作，也能让更多读者参与活动。

3. 三维信息资源建设

VR/AR 图书是三维信息资源的主要形式，其在儿童阅读资源收集、儿童阅读培养和古籍善本保存等方面具有突出优势。VR/AR 图书不同于可穿戴式的虚拟现实技术，而是通过具体的电子阅读设备扫描实体图书，图书上的内容便会在电子阅读设备上以动态形式展现。依托大数据、云计算、AR 技术等先进科技，将文字、图片、音频、视频数据融为一体的三维资源很快进入市场，如武汉市档案馆联合武汉市广播电台、武汉市文化和旅游局共同推出全国首部非遗口述 AR 影像图书，推出后引起了很大社会反响。图书馆三维信息资源建设将是构成图书馆多元化建设的必经之路。因此图书馆在 VR/AR 图书资源等三维信息资源建设中首先把重心放在儿童阅读资源类、科普知识类的图书上，如低幼儿童的认知类和传统古诗词文化类等。同时制定三维信息资源的借阅和保管制度，对三维信息资源的宣传和阅读指导加以重视，开展 VR/AR 图书使用指导和阅读体验活动，从而吸引人们走进图书馆，关注阅读和培养阅读。

二、打造多样化阅读空间

随着信息技术发展和数字阅读的流行，虚拟阅读空间随之产生。在某种程度上，阅读空间是随着阅读行为不断延伸而扩展。多样化阅读空间打造是图书馆阅读服务创新模式，从概念空间的目标而言，图书馆将会是集信息共享、教育学习、文化交流和休闲娱乐于一体的"第三空间"，从实际空间功能目标而言，图书馆将会打造功能化、智能化空间及虚实融合空间。从馆内主题、三维立体等功能化阅读空间设计、馆外智能化阅读空间布局到虚实融合空间的打造，都为图书馆阅读空间服务增加亮点。

（一）馆内阅读空间功能化

1. 主题空间

打造主题空间是图书馆阅读服务的拓展，阅读空间打造目标不再限于打造创客空间、信息共享空间和知识共享空间，图书馆主题空间将从读者需求、地域文化和馆藏特点等角度打造具有主题特色的阅读空间。图书馆在打造主题阅读空间实践中，首先，应构建主题阅读空间的理念和目标，明确打造主题空间的服务理念和实现目标，从而确定打造原则、空间设计方案、主题选择范围等事项。其次，从空间环境布局、阅读资源、服务内容和主题图书馆馆员四个基本要素开展主题化阅读空间服务。再次，确定主题化阅读空间的内容建设，可以从贴近人们生活的角度选定主题，也可以从特殊读者服务选择主题，还可以从地域文化角度展开选题。最后，根据主题特征打造阅读环境。阅读空间环境的设计应融入主题元素，展现主题文化，使读者进入每一种主题阅读空间都可以感受到主题阅读气息和氛围。此外，这些主题阅读空间还应具有展示、开展讲座、读者交流等功能。主题化阅读空间还可以根据读者类型进行打造，如打造绘本空间、阅读疗法空间、经典阅读空间等。

2. 三维立体空间

三维立体阅读体验将突破二维阅读感受，能够调动读者全身感官，给读者带来一种身临其境体验和超乎想象的"穿越"感，从而更易于加深读者阅读印象和提升其对知识、信息的理解力。

三维立体化的阅读空间打造，首先，应加强与出版社联系，了解三维信息资源出版情况，调查读者对三维信息资源的需求以及同行开展三维立体阅读体验活动情况和读者反馈情况。其次，根据自身三维信息资源建设程度推广阅读体验服务活动，通过推广活动设计明确三维立体阅读体验空间的服务内容和对象，如三维立体阅读空间打造的主旨、阅读资源类型等。最后，加强对三维立体阅读空间宣传，阅读体验空间服务前进行服务活动预告，对三维立体阅读方式进行宣传，可以通过采访已经体验过或者正在体验三维立体阅读的读者，让他们分享自己对三维立体阅读的体验感受。此外，邀请专业人士开展虚拟现实技术等相关方面讲座，向读者介绍三维立体阅读空间的技术支撑、功能等知识。三维立体化阅读空间打造也是智能图书馆发展的需要，可以促进智能图书馆建设，提高图书馆智慧性和包容性。

（二）馆外阅读空间智能化

图书馆阅读空间服务不仅利用馆内空间资源打造多功能的阅读空间，也注重馆外智能化阅读空间打造，致力于打通图书馆阅读服务"最后一公里"的服务目标，实现图书馆阅读服务价值最大化。

1. 自助阅读空间

图书馆自助服务主要分为 24 小时自助服务和图书馆 ATM 机服务，前者是将图书自助借还设备、图书检测设备、视频抓拍设备、门禁设备、图书馆业务系统等技术进行整合，建成无人值守、读者凭证入内自助借阅的区域，后者是将银行自助柜员机的理念应用于图书馆服务之中，通过 RFID、机械手等技术和图书馆业务系统的结合，建成无人值守、读者自主借还图书的服务站。

图书馆打造智能化自助阅读空间，首先，需要考虑选址的合理性、科学性和均衡性，考虑周边服务人群特点和阅读需求进行合理规划。其次，做好资源保障。从图书更新、热门图书、最新图书的角度及时补充自助阅读资源，同时提供数字阅读资源下载平台，保障阅读资源充足。自助阅读空间可以通过系统统计分析自助图书馆内读者的阅读行为，根据读者数据行为进行精准细化配置阅读资源，此外注重打造特色自助阅读空间，根据自助图书馆选址、服务人群等打造专题自助阅读空间。再次，注重智能化技术应用。在自助图书馆内引入智能机器人、智能语音助手等先进技术设备，不但能够实现智能化管理，还能够给人们带来更温馨的服务。最后，通过新闻媒体进行宣传报道，设计自助阅读空间的品牌形象，同时在新媒体平台上也进行宣传。此外通过线下活动，宣传自助阅读空间的功能和操作流程等，耐心指导人们如何进行自助阅读。

2. 城市阅读空间

随着"图书馆+理念"的兴起，城市阅读空间发展迅速，其发展显现出创建主体"跨界组合"、服务内容"业务混搭"、公益性与经营性运营相结合、"唯美+生态+体验"空间设计等特征。

城市阅读空间是图书馆联合社会机构打造的公益性阅读空间，在一定程度上拓展了图书馆阅读服务。

打造城市公共阅读空间，首先，需要明确城市阅读空间的选址问题，如北京西城区特色阅读空间则侧重于社区、公园、街道等公共场所，阅读空间的选址可根据图书馆与合作对象的性质决定，同时考虑服务人群特征确定城市阅读空间打造内容和主题。其次，考虑城市阅读空间提供"什么样"的阅读服务，图书馆跨界打造阅读空间需要考虑能够提供阅读服务的内容和类型。根据合作对象经营理念和服务特色提供专题阅读服务，如打造书法、绘画、茶艺、花艺等不同主题阅读空间。最后，考虑城市阅读空间环境打造问题。从空间视觉设计入手，融入唯美、时尚、个性的空间环境设计，同时也要注重融入文化元素，城市阅读空间打造也是宣传城市文化的途径之一。

（三）虚实融合环境一体化

虚实融合已经成为现代图书馆阅读服务的首要策略和方式，许多新馆建造或者旧馆改造，24小时自助服务、泛在阅读、馆内实时数据统计、馆内安全环境自动化管理及虚拟现实场景体验都实现虚实环境融合一体化，以及虚实融合拓展服务时间和空间，实体空间是虚拟空间的孵化器，前者功能局限催生了后者。新媒体虚拟空间可以为读者提供阅读咨询、阅读书目推荐、阅读活动预告、图书馆动态等信息服务，此外，在移动服务平台上可以提供馆藏查询、图书借还、图书预约及参与活动报名等与阅读相关的服务。新媒体虚拟空间是宣传阅读服务的有效补充。

图书馆虚实融合环境一体化不仅是两种形态空间共存，更重要的是两者互动、有机融合，形成完整互动链。通过互联网技术、二维码等新技术支撑，在虚拟空间聚拢读者，在虚拟空间提供阅读服务，如读者通过网上借阅平台提出借阅需求，图书馆找到读者所需图书后通过物流直接邮寄给读者或者投放至读者附近的分馆中，同时通过网上借阅平台通知读者，这种虚实融合、环境一体化的服务模式拓展服务内容，同时服务时间和服务范围也在一定程度上得到拓展。

三、提供优质化阅读推广活动

图书馆阅读活动深化服务内容，升华图书馆教育职能，是服务新常态也是服务创新的新表达。图书馆开展优质化阅读活动需要联合社会力量、引入服务新理念以及强化人才培养。

（一）打开合作共赢之门

"互联网+"中的"+"代表着联合、融合、跨界、开放、变革，"互联网+"时代是一个跨界时代，每一个行业相互渗透，行业边界被打破，促使行业间相互吸收、融合。在此背景下，图书馆深受"跨界融合"影响，如2016年和2018年的"上海国际图书馆论坛"都对"图书馆跨界合作"主题进行探讨和研究。图书馆融合社会力量成为"图书馆+"主要形式，图书馆跨界融合、合作共赢的主要实践案例是，与书店、出版机构合作，与数据供应商融合，与网络电商跨界合作，与互联网等新媒体和新技术融合，融入信用评估，与文化休闲类机构以及其他阅读服务组织合作，这些跨界融合实践为图书馆阅读活动跨界合作提供了经验。再加上阅读推广活动主体多元分布，社会各界积极投入阅读推广行列，图书馆应打开合作之门，联合社会力量共同策划优质化阅读推广活动。

1. 联合商业机构开展阅读推广

图书馆+书店、图书馆+咖啡店、图书馆+花店等"图书馆+"跨界融合模式是图书馆阅读服务新形式，这些悄然形成的阅读空间已融入读者生活。图书馆融合商业机构联合开展阅读活动成为图书馆阅读服务创新举措。与商业机构合作，由商业机构提供活动场所，图书馆提供主题阅读资源，同时根据商家经营产品，开展相应的活动主题。如图书馆与花店联合开展花艺培训，不仅吸引爱花读者，让读者了解花艺，从而对花艺相关的书籍产生兴趣，自然促进阅读，同时也能提高花店的知名度，实现双赢目标。图书馆联合商业机构主要为了营造休闲阅读氛围，打造更和谐亲民的阅读空间，使阅读融入人们生活的方方面面。

2. 联合专业机构开展阅读推广

针对读者较为关注健康、教育、成长、医疗等方面策划阅读推广活动。馆员知识结构有限，难以满足读者需求，但是图书馆可以打开合作之门，通过联合专业机构开展专业信息咨询会、讲座、知识讲堂等活动，联合专业机构补充服务形式和丰富服务内容。图书馆阅读活动主题随着阅读需求泛化将会越来越深入和专业，开展专业性较强的阅读活动对于没有专业基础的馆员具有难度，通过联合专业机构开展活动可以解决这个问题。图书馆在选择联合专业机构时需要从读者需求调查着手，充分了解读者需求，最大限度保障活动开展效用；同时也应该与专业机构达成合作协议，形成稳定合作关系。

3. 联合民间阅读组织开展阅读推广

我国民间阅读组织主要针对儿童阅读和未成年人阅读开展活动，为推进全民阅读注入了新的活力。民间阅读组织在儿童阅读方面主要以学校和社区为主要阵地，这方面对于公共图书馆而言是一种很好的补充。图书馆与民间阅读组织的目标不谋而合，两者联合开展阅读活动，对于儿童阅读建设具有极好的社会影响力。民间阅读组织的服务开展到哪里，图书馆的脚步就走到哪里，一方面可以为民间阅读组织提供阅读推广活动指导；另一方面双方共同搭建阅读服务平台，二者优势互补，可以凝聚更多喜爱阅读的人。

图书馆打开合作之门，联合社会力量提供阅读服务带来多方面积极作用。首先，拓展活动内容。社会力量涉及面广，可以使"阅读"与更多的元素联合发展，增强读者的认知度。其次，加强活动时效性。社会组织具有较强的社会变化敏感度，通过联合社会力量开展活动能够及时融入社会热点，增强读者的新鲜感。再次，保障活动专业性。专业性较强的阅读活动有了专业人员和专业机构的加入，活动的精准性和切入点会得到保障，增强读者的获得感。最后创新活动形式。联合社会力量开展活动的形式增多，不再限于单一的读书活动，可以选择实际操作、参观、交流等形式，增强读者的参与感。

（二）引入创新服务理念

"分众阅读"是阅读文化学的基本原理之一，由"分地读物推广""分级读物推广""分龄读物推广""分时读物推广""分类读物推广"等，共同组成阅读文化学的重要方法论系统。把"分众阅读"理论作为阅读活动服务指导思想，可创新服务理念。"分众"阅读活动是指图书馆根据读者群的年龄、职业、兴趣等加以细分，然后再根据细分读者群体的阅读需求进行组织、策划"分众阅读"活动形式和内容，以实现满足目标读者的需求的目标。

1. "分地"阅读推广活动

图书馆阅读推广活动针对读者特征细化分众，开展"分地"阅读活动。不仅满足不同读者需求，同时拓展阅读活动受众范围，解决目前图书馆阅读活动服务受众范围不广问题。"分地"阅读活动主要根据每个人都有自己的故乡，归属感较强烈，图书馆拥有一定地方文献和乡土读物，在此基础上开展家乡情怀和乡土文化主题的阅读推广活动，引起读者共鸣。此外，分地阅读推广还可以根据推广地点开展阅读服务，如流动图书馆进入工地、养老院、学校、监狱等不同的地点为不同的人群提供针对性的阅读服务。

2. "分级"与"分龄"阅读推广活动

"分级"与"分龄"阅读推广活动主要根据读者年龄阶段不同、具有不同的阅读需求开展服务活动。从儿童和青少年的身心和思维发展特征出发，开展不同成长时期的阅读活动，旨在培养读者阅读兴趣、引导读者阅读、帮助读者学会阅读。公共图书馆在"分级"与"分龄"阅读推广活动方面主要针对儿童、未成年人、老龄人开展。

3."分时"阅读推广活动

"分时"阅读活动主要根据"时间"开展相关主题阅读活动，如每年世界读书日，图书馆都会开展多种形式活动推广阅读。利用一个具有纪念意义的"时间"作为阅读活动主题进行阅读推广，可以增加阅读趣味性和读者参与率。我国传统节日资源丰富，每一个传统节日所蕴含的传统文化和美好愿景都可作为图书馆进行阅读推广活动的主题和内容，如春节、端午节、中秋节、重阳节等都具有浓厚主题意义。除了这些传统节日以外，还可以从国庆节、儿童节、建军节、教师节等具有主题含义的节日出发，开展主题阅读活动。图书馆在策划阅读推广活动时应该从与读者生活相关的角度思考，融入读者的生活，才能吸引读者关注活动和参与活动，才能实现阅读服务的目标及达到阅读推广的效果。

4."分类"阅读推广活动

"分类"阅读推广活动主要是从不同活动类型开展阅读活动，如数字阅读活动、经典阅读活动和时尚阅读活动等多种类型阅读推广活动。数字阅读活动主要开展数字阅读资源宣传、数字阅读方式培训指导和数字阅读体验，在数字阅读活动中推广馆藏数字资源建设，宣传数字资源平台和指导读者下载移动数字阅读APP等。"分类"阅读推广活动不仅注重从不同主题分类，也注重从活动类型分类，目前国民阅读方式多元化，阅读活动形式和内容也十分丰富，从活动类型的角度策划阅读推广活动可以满足读者不同阅读方式的需求，同时也可以实现阅读活动受众范围扩大的目标。

（三）强化人才培养力度

1. 转变培养模式

专业化阅读推广馆员的培养需要有具体培养方案，包括培养目的、培养模式和培养手段等几个方面。首先，理论学习与实践工作相结合，通过支持馆员参加各省和中国图书馆学会举办的阅读推广人培训班和会议，进行阅读推广服务理论专著学习和案例分析学习，听取行业专家专题报告等多途径进行理论学习。同时在开展活动后及时进行总结汇报，把实践中遇到的问题，结合理论与实践进行总结分析。其次，专业教育和继续教育相结合，短期在职人员的继续教育目前主要有国家性和地方性阅读推广人培训，不断出版教材，形成系统化教育培训体系。专业性教育目前较少，可以借鉴国外培养经验，在图书馆学专业下增设阅读推广研究方向，采用跨院校、跨专业的合作培养模式，培养具有专业知识和专门技能阅读推广人才。最后，采取多种培养方式。一方面通过实地参观学习、现场教学形式和面对面交流的方式进行学习；另一方面借助网络平台在线学习，如"阳光悦读"直播间邀请了王余光教授等知名学者分享研究成果和指导理论学习等。

2. 培养核心能力

图书馆开展阅读活动趋向品牌化和专业化，因此从事阅读推广活动的馆员必须具备相关素养和核心能力。专业化阅读推广馆员应该具备良好的职业品质、专业基础、阅读素养和文献服务水平等基本素养，在满足基本素养条件下培养核心业务能力。对于专业阅读推广人才培养，首先应该培养其策划、组织能力，包含阅读活动主题、活动项目、任务分配、活动方案、经费预算以及活动结束后的总结评估。其次，注重其写作宣传和活动营销能力，阅读推广活动需要好文案、好宣传、好总结和细分析，这些都离不开扎实的文字功底和良好写作风格。此外，在跨界合作背景下培养沟通协调能力更显重要性，图书馆馆员具有良好沟通协调能力不仅在部门沟通协作工作中具有积极作用，在与其他机构合作时则变现为"公关能力"，主要为控制能力、介入能力、适应能力和协调能力。以上核心业务能力并不是要求所有的馆员都具备，而是可以根据馆员自身现有的能力条件注重培养一方面或者几方面的核心能力。

3. 强调考核评估

建立严格的培训考核和评估制度，是对阅读推广人培养的效果保证。每一位参加培训的阅读推广人在接受培训中和培训后都应该进行考核评估，只有通过考核才能认证其阅读推广人资质。考核评估机制不应只有培训结束后的测评方式，应强调在培训过程中完成相应的实践活动，如策划活动方案、宣传方案以及总结分析等综合能力的评估，达到以"评"促"学"目标。强调制定严格的考核评估制度，一方面可以让学员在课堂上集中精力认真学习，避免逃课或散漫情况发生；另一方面可以在考核评估中了解学员的学习程度，通过考核评估了解学员掌握程度和各自的需求，因材施教，使阅读推广人的能力真正得到提高。

阅读推广人培训考核评估也应该分为短期制和长期制，短期的考核评估主要针对在培训期间对学员学习情况的了解，长期的考核评估则在培训之后的工作中进行评估，只有在实际工作中才能真正评估阅读推广人能力和检验培训效果。因此长短期考核评估制度相结合才能真正评价阅读推广人的培养效果，也能在考核评估期间发现培训中存在的问题、需要调整哪些培养方案和解决问题的办法，从而完善培训体系，保障培训效果和质量。

  品牌化阅读活动服务需要专业的活动推广人作为支撑，注重阅读活动推广人的核心能力培养和专业素质提高是对品牌化阅读活动服务的成功保障，人才的培养是阅读服务不可或缺的重要部分，只有专业化人才才能够保证阅读活动服务持续开展和取得良好效果。

第六章 图书馆阅读推广的基本理论

第一节 图书馆阅读推广理论与实践

现如今,人们主要是通过阅读来获取外界的信息与知识;同时,阅读也成了人们相互之间的一种特殊的交流方式,国家对此也引起了高度的重视。图书馆作为阅读的一个重要场所,其最主要的一项工作就是进行阅读推广。我国图书馆的阅读推广工作不管是在理论上还是实践中,都已经取得了一定的成绩与效果,可是仍然还存在着或多或少的问题与不足。所以,我们必须要对图书馆的阅读推广理论与实践进行仔细的分析与探讨,对存在的问题提出相应的解决措施,这样才能真正提高图书馆阅读推广理论与实践水平。

在我们平时的生活当中,阅读可以使我们的精神生活变得更加丰富,也可以使我们的思维方式得到改善,同时还能够使自身的知识结构得到有效的调整。图书馆丰富的馆藏不但能够为人们提供更多的研究资料,读者还可以在众多的藏书当中寻找到对待生活的正确态度及做人的基本原则,因此,图书馆已经成为提升国家人才专业技术的一个重要阵地。可是,近些年全国人民的阅读比例正在呈现下滑趋势,这使得图书馆阅读推广的责任日益明显,所以,对图书馆阅读推广理论与实践进行研究的意义就显得非常重要。

一、图书馆阅读推广的含义及特点

首先,阅读本身就具有非常丰富的内涵;其次,随着经济的快速发展以及时代的不断进步,阅读的含义也在进一步的扩展、延伸。图书馆在阅读推广过程中也采取了多种推广方法与手段来督促我国公民进行阅读。图书馆进行阅读推广的活动，大多是依靠政府部门、图书馆协会等组织，从专业化视角进行推广。总的来说，当今我国图书馆阅读推广的活动进展得非常顺利，促进了我国公民整体文化素质的提高。

二、图书馆阅读推广的文化内涵

（一）图书馆阅读推广有助于社会文化的提升

最近几年，我国大部分图书馆都进行了很多阅读推广活动，图书馆凭借自身丰富的阅读资源等特性，具有开展推广阅读的责任。随着时代的发展，国家对社会公民的阅读情况越来越重视，公民的学习需求也随着社会的发展而逐渐提高，这些都有助于图书馆阅读推广活动，提升公民的阅读量，改善公民的阅读习惯，进而满足公民储备知识的需求，在全民阅读的时代下，进而提升社会文化。图书馆在进行阅读推广时，积极开展阅读活动，提高了整个民族的文化素质，提升了国家文化核心竞争力。

（二）图书馆阅读推广有助于培养公民的文化责任

图书馆构成了公共文化体制的重要环节，顺应了经济和时代的发展，图书馆在进行阅读推广时要重视其应当承担的社会文化责任，同时也要明确自身在阅读推广活动中的定位，这也是构建图书馆文化责任的前提条件，有助于促进图书馆的健康可持续发展。

（三）图书馆阅读推广有助于提升社会的人文精神

社会人文精神有助于推动社会的发展和进步，同时也可以促进图书馆的长期发展。由图书馆的发展历程可知，社会人文精神在很大程度上决定了图书馆的影响力度和辐射范围，反过来，图书馆社会文化责任的履行对社会人文精神也具有很大的影响，因此，图书馆阅读推广与整个社会的人文精神是互相影响的。图书馆要不断完善文化推广活动，同时要在活动中积极宣扬人文精神、人文情怀，进而提升社会的人文精神。

(四)图书馆阅读推广有助于创新发展

现今的社会是信息化时代,国家间的综合国力竞争也越来越体现为创新发展的竞争。图书馆开展阅读推广活动,着重考虑公益性和人文精神,同时也要不断实现全民阅读,这样有助于拓展公民的视野、开阔思维,进而提升我国公民的创新意识。

三、图书馆阅读推广的作用及方法

图书馆阅读推广是指图书馆经过精心的策划,把读者的注意力从众多的、海量的馆藏逐渐引导到最小范围内,并且最具有吸引力的馆藏上,最终使图书馆馆藏流通量及利用率得到有效提高的一种活动。

(一)图书馆阅读推广的作用

1. 确定要素

图书馆阅读推广的定义基本上可以分为聚焦和创意两种。聚焦是图书馆阅读推广的一项最基本原理,如果把图书馆中所有的馆藏都推荐给读者,读者会很难找到重点,这样的效果等于零,所以一定要聚焦到对读者有吸引力的馆藏上面,而作为有吸引力的馆藏,有些是相对于馆藏本身而言的,还有一些则是馆藏本身不具有吸引力,而是通过策划及创意使馆藏具有吸引力。

2. 划定对象

图书馆阅读推广的对象一定得是图书馆自己的馆藏,对那些不是自己的馆藏,一般是不能够进行推荐的。馆藏基本包括现有馆藏、未来馆藏、延伸馆藏、门径馆藏四个类别。

3. 理解成功

实际上每一项阅读推广都算是成功的,只是成功有的大、有的小。所以,我们也可以理解为,只要是对提高图书馆馆藏利用率和流通率有利的阅读推广,都算是成功的阅读推广。

（二）图书馆阅读推广的方法

1. 拉法阅读推广

这算是一种最容易、最普及，也是最基本的一种阅读推广，其策划的色彩也是最淡的，只需要图书馆馆员把公认的好书推荐给读者就可以。例如，把历史较为悠久的"镇馆之宝"放在图书馆的玻璃柜中进行展出，就算是一种拉法阅读推广。

2. 推法阅读推广

这种阅读推广对那些新文献、陌生的文献较为合适。与拉法阅读推广相比较而言，推法阅读推广的难度要更高，策划的色彩也更加浓郁，这主要是由于这类文献的吸引力需要图书馆馆员自己去发现和创造，而文献本身并不具备。

3. 撞法阅读推广

撞法阅读推广是指通过物理的形式或气质特征来最终选出一批混合型主题的馆藏图书进行推广，这种阅读推广适用于需求较为模糊的文献。撞法阅读推广可以通过借图、借声、借影、借演四种方式来进行。

第二节　图书馆阅读推广规范

随着我国经济的发展和人民生活水平的提高，人们对知识的渴望越来越大。阅读是人类认知的重要途径，通过阅读，能有效获取各类知识，增强文化素养，促进自身的全面发展。全民阅读能有效提高中华民族的整体文化素质，并为中华民族的伟大复兴提供文化助力。因此，有必要加强图书馆阅读推广，推动全民阅读的常态化。图书馆在阅读推广活动中具有诸多优势，其公益性特征要求其积极承担阅读推广的责任。图书馆要充分利用自身的阅读资源，通过有效的阅读推广，满足全民阅读的需求。

一、图书馆阅读推广规范的必要性

对图书馆阅读推广进行规范，有助于图书馆阅读推广活动的组织、开展和实施，提升图书馆服务水平，实现图书馆保障公众平等获取文献信息权利和终身教育的目标有利于发挥图书馆优势。图书馆作为保存、组织、传播文献信息的专门机构，具有成熟的文献信息服务理念、完备的文献信息保存和组织方法、便利的空间场所和设备设施、专业的人才队伍。尤其是专业的文献信息采集、整理、组织、挖掘工具和方法，能够准确把握文献信息的基本规律，深入、系统、科学地对文献信息中蕴含的知识进行组织和挖掘，间接地影响读者的阅读选择、阅读兴趣、阅读行为和阅读能力。图书馆作为阅读推广前锋，其优势是其他组织无法取代的，这也是图书馆的核心竞争力所在。对图书馆阅读推广进行规范，有利于明确图书馆在各类阅读推广机构中的主体地位，发挥图书馆在文献信息方面的专业性、权威性优势。

二、图书馆阅读推广技术性规范

（一）应用新媒体技术

随着信息技术的应用与读者数字资源的需求的不断增长，图书馆阅读推广活动不能仅采用传统的活动宣传手段和服务推广方式，应加大与阅读推广相关的新技术、新载体、新设备的开发与应用力度。图书馆在阅读推广过程中，应注重运用新媒体技术手段，扩大受众范围、丰富形式载体、增强实施效果、深化内容深度。图书馆阅读推广的重点是通过深入阅读推广客体的内容，把握文献中知识的运动规律，挖掘其中的信息点和知识点，实现由传统服务向智能服务、资源推荐向知识推荐转变，最大限度地发挥文献信息资源的价值。

（二）完善阅读推广效果评价机制

阅读推广活动只有坚持理论指导，并通过实践活动来逐步完善。每次阅读活动以后，问卷调查设计、研究与分析、效果评估是阅读推广活动不可或缺的一个环节。只有通过每次阅读活动的调查与分析，才能总结经验，才能了解读者潜在的需求，进而为下一次的阅读推广活动做指导。

（三）形成图书馆阅读推广操作规范

阅读推广工作的流程化与规范化是图书馆阅读推广实施性规范的重要内容之一，应对阅读推广进行项目管理或过程管理，图书馆开展阅读推广活动要有严谨完善的活动策划、充分的前期准备、及时的宣传报道、有效的实施流程以及长期的活动支持，只有阅读推广业务内容明晰，业务流程规范，业务操作有章可循、有规可依，才能保障图书馆阅读推广活动的质量与效果。此外，图书馆馆员应负起指导阅读的责任，对读者的阅读进行专业引导。

在当前全民阅读的环境下，图书馆阅读推广规范的全面建立势在必行。虽然从目前来看，建立完整的图书馆阅读推广规范体系尚需较大努力和较长时间，但是一定要掌握好"度"的问题。图书馆阅读推广规范既不能变成"一刀切"的强制规定，又不能违背图书馆的知识中立立场，与图书馆核心价值相违背。应充分运用文献信息学的理论、方法、技术，加强对阅读推广实践的指导，通过规范更好地推动图书馆阅读推广健康、良性、长远发展。

第三节 图书馆阅读推广机制

一、完善图书馆阅读推广的政府财政投入机制与法规体系

（一）完善图书馆阅读推广的政府财政投入机制

无论是高校图书馆还是各级公共图书馆，主要经费都来源于政府的拨款，这是各级各类图书馆得以正常运行的重要财力保障。图书馆的阅读推广活动需要以政府的财政支持为基础，因为阅读推广活动的开展需要购置阅读推广资源，如阅读物、阅读推广场地、阅读推广设备等。鉴于上述因素，政府需要对各类图书馆拨付足额的资金，以保障图书馆能够正常运转，同时不断提升图书馆的办馆实力，提高图书馆的办馆水平，为其开展阅读推广活动奠定基础。政府有必要为图书馆拨付阅读推广专项资金，专门用于图书馆开展阅读推广活动。此项资金的拨付是动态、可持续的，可根据图书馆所提供的年度阅读推广报告或针对图书馆某一项阅读推广活动进行追加或削减，并严格监督该项基金的使用。

（二）健全图书馆阅读推广的法规体系

为规范图书馆的阅读推广活动，政府应逐步完善与图书馆阅读推广活动相关的

法规，使图书馆的阅读推广活动有法律的规范和监督。完善相关法律法规既有助于实现和保障公民的阅读权利，也是图书馆开展阅读推广活动的法律依据。

二、健全图书馆阅读推广的长效机制

图书馆有必要建立阅读推广的长效机制，对阅读推广活动进行科学规划，使阅读推广活动具有延续性，形成规模效应和品牌效应，吸引读者参与，获得读者的支持，最终在阅读推广服务中促进各类文献信息资源的高效利用，为读者创建良好的阅读平台，并将阅读推广的各构成要素联系起来，使它们协调运行，充分发挥作用。

（一）设立图书馆阅读推广部门

图书馆的阅读推广工作必须常态化，图书馆应设置阅读推广部门及安排专职人员负责阅读推广活动，以保障阅读推广活动能够持续、科学地进行。另外，图书馆还可以根据每次阅读推广活动的内容，聘请相关专家参与活动并进行指导。

（二）加强图书馆阅读推广专业人才的培养

图书馆必须重视阅读推广专业人才的培养，采取灵活多样的措施推动我国图书馆阅读推广从业人员专业化。如中国图书馆学会设立的阅读推广专业委员会，指导各图书馆培养阅读推广专业人才；有条件的高校图书馆可以开设相关的阅读推广专业课程，或举办各种形式的阅读推广培训活动；图书馆应定期或不定期举办各类阅读推广研讨会，为阅读推广人员提供更多的交流机会。图书馆还应为阅读推广人员提供更多的学习机会，邀请专家学者为阅读推广人员讲授相关的阅读推广知识，提高他们的综合专业素质等。

（三）加强馆藏资源建设

图书馆的馆藏信息资源是其开展阅读推广活动的重要保障，包括纸质文献和电子文献，其中，纸质文献是图书馆传统馆藏资源的重要组成部分，包括各类书籍、期刊、报纸、地图、照片、画册、手稿等。纸质文献是图书馆最基本、最常见，使用频率相对较高的文献资源，与图书馆的数字资源相比，它的使用门槛相对较低，因此，图书馆必须进一步加强纸质文献资源的建设。随着网络的普及，电子资源在图书馆的馆藏资源中所占比重日益加大，与传统纸质文献相比，电子资源具有使用便捷、占用空间小、容量大、保存时间长等优点，因而日益成为重要的阅读推广媒介。因此，为使图书馆的电子资源更加丰富、利用效率更高，图书馆应购买各种形式的电子图书，如缩微胶卷、缩微平片、缩微文献合集、录音带、激光唱片、MP3、LD视盘、VCD视盘、VHD视盘、DVD视盘等。

（四）建立图书馆阅读推广的研究机制

阅读推广工作是一项学术性极强的活动，图书馆需要对其进行全面研究，进而发现其规律，并提升对其规律认识的深度与广度。因此，图书馆界应建立相应的研究机构，不定期召开阅读推广学术研讨会等，多角度推进图书馆阅读推广活动的有效开展。

三、建立健全图书馆阅读推广的监管与评价机制

（一）完善图书馆阅读推广的监管机制

政府应推动图书馆阅读推广监管体系不断趋于完善，使阅读推广活动面向社会，接受社会各方面的监督。图书馆也必须对其所开展的阅读推广活动加强监管，增强阅读推广工作的透明度，降低因信息不透明所造成的负面影响，避免由于开展阅读推广活动造成的资源浪费。政府在对图书馆的阅读推广活动进行监管时，要加强对其重点领域的监管，尤其是对图书馆阅读推广专项资金的监管，使其做到专款专用。

（二）建立图书馆阅读推广评价机制

建立图书馆阅读推广评价机制包括制定阅读推广的评价标准和全面评价阅读推广的效果。一项阅读推广活动结束时，图书馆应参照一定的标准对该活动进行评价，判定活动效果，分析活动的不足和成功之处，及时公布活动结果，接受社会各界监督。图书馆全面、深入地评估每一次阅读推广活动投入的时间、人力、财力、物力、合作单位以及取得的效果和不足等，可以为以后的阅读推广活动提供参考。图书馆举办阅读推广活动以提升民众的阅读素养为最终目的，应重视阅读推广活动效果的评价。图书馆对阅读推广效果的评价不仅应长期进行，还应对图书馆阅读推广效果的评价加以细化，评价效果的时间包括月评价、季度评价、年度评价，评价效果的范围包括整体评价与部分评价等。

四、加强图书馆阅读推广环境设施的建设机制

(一)营造良好的阅读环境

良好的阅读环境有利于读者进行阅读,这就要求图书馆在组织阅读推广活动时必须重视营造良好的阅读空间。图书馆是阅读推广活动的主要场所,是读者阅读行为发生的地方,优美的图书馆馆舍布局有助于培养读者的审美能力,促进读者更深层次的精神交流与沟通。图书馆的阅读环境包括外部环境和内部环境,图书馆的外部环境包括图书馆建筑及其周边环境。图书馆作为一个地区或一所大学的标志性建筑,其建筑外观应具有时代感,富有艺术魅力,充满人文气息,体现精神家园的功能,这有助于塑造读者的美好心灵以及构造读者美好的精神世界。同时,图书馆还应加强周边环境的绿化。绿化可以减少尘埃、降低噪声、清新空气,营造生机勃勃的氛围,使读者流连忘返,沉浸于知识的海洋。图书馆是读者阅读的重要场所,也是阅读推广活动的主要场地。图书馆应高度重视其内部阅读环境的营造,内部设计应体现人文关怀,如安装无障碍电梯、扶手或特殊走道以方便残障人士;整齐摆放书籍、期刊、杂志等,并定期对它们进行杀菌消毒,以保障读者的身体健康;在阅览区、研习室、读者休息区等场所配置沙发、投影仪、空气净化器等,为读者营造温馨、舒适、优雅的阅读环境。

(二)完善基层图书馆的基础设施建设

基层图书馆在阅读推广活动中发挥着重要的作用,拥有广大的阅读群体。图书馆的服务有一定的辐射范围,平均每一万人应拥有一所图书馆。相较于城市图书馆,基层图书馆的基础设施相对落后,这影响了其服务覆盖范围与辐射能力。因此,基层图书馆若想提高阅读推广效果,就必须改善基础设施,积极落实《公共图书馆建设用地指标》和《公共图书馆建设标准》的要求,达到国家建设标准。基层图书馆在推进阅读推广资源设施建设的过程中,要高度重视网络设施建设,加强乡、镇、社区图书馆(室)及服务网点的网络设施建设,推进流动图书馆阅读推广设施建设,与农家书屋联手向农村地区提供基本的公共文化服务,形成比较完备的覆盖乡、镇、社区图书馆(室)阅读推广设施网络建设。另外,基层图书馆还应加快推进阅读推广数字化建设,以阅读推广文化共享工程、数字基层图书馆阅读推广工程、公共电

子阅览室建设计划等项目为抓手，大力推动全民阅读推广工作。

第四节　公共图书馆与阅读推广

　　公共图书馆是推进全民阅读活动的中坚力量，致力于营造全民阅读的良好社会氛围。加强公共图书馆特别是基层图书馆的建设，打造高素质的阅读推广人才队伍，开展阅读创新活动，传承阅读经典，创造阅读品牌是开展阅读推广的有效手段。

　　"没有高度的文化自信，没有文化的繁荣兴盛，就没有中华民族伟大复兴。"在"四个自信"中，文化自信是更基础、更广泛、更深厚的自信，文化自信是最根本的自信。公共图书馆作为保存人类文化遗产、开展社会教育、传递科学情报、开发智力资源、提供文化娱乐的平台，在精神文明建设当中，在丰富和活跃人民群众的文化生活中有着不可推卸的责任和不可或缺的作用。公共图书馆主要通过阅读推广的方式引领全民阅读，满足人民的阅读需求，提升人民的文化生活。

　　社会的发展、人类的进步离不开知识，而知识的累积离不开大量的阅读。所以就要在全民中倡导多阅读、终身阅读的良好风气，让大家都参与到阅读中来。这样，民众的知识水平就会提高，无形中就会提高国家文化的软实力。鉴于此，就不能不重视公共图书馆在提倡全民阅读中的重要作用，必须明白公共图书馆应该致力于阅读推广活动。

一、公共图书馆在推动全民阅读中的重要作用

　　公共图书馆是一个专门收集、整理、保存、传播文献并提供利用的科学、文化、教育和科研机构。它保存了人类文化遗产，是今天人类宝贵文化遗产和精神财富的集中地，公共图书馆作为提高全民文化素质的公益性文化机构，它提供的服务满足了社会大众对文化娱乐的需要，大大丰富和活跃了人民群众的文化生活，在精神文明建设中起到了不可忽视的作用。

　　在这个以知识为基础的社会里，公共图书馆的公益性、平等性和开放性是其他任何信息机构都无法比拟的，因而决定了公共图书馆在阅读社会创建中的核心地位。公共图书馆不仅是知识教育和提高全民素质的中心，还是保存人类文化的核心，它

是全民阅读的基础阵地。公共图书馆在全民阅读中的重要作用同时也提示着它的重要责任。公共图书馆作为精神文明建设的重要阵地，它在向公众推广图书馆作用、培养公众的阅读兴趣、向全民推荐阅读、壮大整个民族的阅读群体方面具有不可推卸的责任。

二、对公共图书馆开展阅读推广活动的建议

（一）积极整合阅读推广的各方力量，形成崇尚全民阅读的氛围

文化是一个国家的软实力，一个国家自身的文化会对民族的生存状态和发展产生极为深刻的影响。在国家的各种文化交流、融合和碰撞中，我们要吸收优秀的民族文化，取其精华。我们要让好书来激发民众的阅读热情，从而培养国民的阅读习惯。

（二）开展公共图书馆的资源共享，加强基层图书馆的建设

相对于省、市级图书馆来说，社区、乡村图书馆数量比较少，规模比较小，资源短缺，经费不足。在这种情况下，公共图书馆在阅读中的利用价值就大打折扣，也很难满足群众的阅读需求。所以，我们的各级政府要加大对省、市还有社区、乡村的图书馆建设力度，以引进、整合数字资源为重点，以读者服务为中心，积极推进数字图书馆的建设和服务；建立以省图书馆为龙头，覆盖全省的流动图书馆；带动经济欠发达地区共享工程的建设；筹建面向全省公共、高校、科研三大系统图书馆的资源共享平台，实现共享工程的协调发展。通过构建全省图书馆公共服务体系，大力推进文化共享工程建设，取得图书馆事业和共享工程同步发展的重大社会效益。

（三）建立专门负责阅读推广的常设机构，促进人才队伍建设

建立负责阅读推广的常设机构，将阅读推广活动作为图书馆的基本业务来看待，有利于经验的积累、效率的提高、学识的增长、活动的衔接和连续，有利于培养图书馆自己的阅读学专家和阅读推广活动策划专家，对阅读推广活动的可持续发展是一个重要保障。要使推广活动常办常新，还必须大力培养阅读推广人才，培养他们的策划和营销能力。阅读推广，既要知书，又要知人，这样才能根据读者的需要，推荐或者提供他们想要的服务，推荐他们想要的书，才能间接地激发他们的阅读热情。

（四）开展阅读创新活动，传承阅读经典，创造阅读品牌

在大众阅读时代，人们的阅读范围更加广泛，而阅读对于大多数人来说，也是电子时代的快餐阅读。因此，公共图书馆要提倡传统的阅读经典活动，引导群众进行深层次有营养的阅读。我们要有创新思维，不能墨守成规。可以丰富网络阅读资源，加强数字图书馆的管理和建设，建设丰富的数字资源，包括网上数据库、读者数据库等，及时更新网络数据库的信息和资源，满足读者的需要。同时，可以结合群众的文化需求，开展对应的活动，如开展好书推荐活动，让好书不再寂寞。

公共图书馆开展阅读推广活动是推动"全民阅读"的有效手段。总之，我们要明白公共图书馆在阅读推广活动中的重要意义，因势利导，不断创新，根据不同阶段读书活动的时代性和针对性，将"阅读推广活动"融入日常工作中，健全工作机制，发挥导读导行的作用，为营造全民阅读的好氛围出力。

第五节 图书馆阅读推广的发展趋势

由于我国在文化方面的发展较快，社会群众的整体素质都有所提升，对阅读的相关意识也开始逐渐提高，在这种情况下，阅读推广也开始受到社会大众的关注。在推广阅读时，图书馆是较为关键的一部分，其承担着为社会大众提供阅读场所的主要任务。因此，需要图书馆紧跟阅读推广的发展趋势，从而有效提高我国国民的综合素质。基于此，笔者先阐明了图书馆阅读推广发展的主要特征，进而针对图书馆阅读推广的发展趋势展开详细分析，最后提出图书馆阅读推广发展的有效对策，旨在为图书馆阅读推广的未来发展提供参考。

在如今时代下，如果想要提高社会大众的整体素质，就一定要通过阅读来展开，但由于时代与技术的持续发展，各种先进技术与产品的诞生，都导致传统阅读与现代人们的日常生活产生距离，现代人们在阅读上花费的时间越来越少，对阅读也缺少积极性与热情，以往较为传统的阅读方式与习惯已经开始逐渐被科技所代替。这种状况也开始被关注，因此加强了阅读推广的发展趋势。在这个过程中，需要图书馆为阅读推广的实际发展提供帮助，从而使阅读受到更多的重视与关注。

一、图书馆阅读推广发展的趋势分析

（一）阅读的载体更加多样

目前，在图书馆中各类资源的载体形式更加多样化，除了较为传统的报纸或杂志等外，还有较为先进的软件，如微信、QQ等，都是如今的阅读载体，现代人们不需要外出进入图书馆中就能够得到各类资源，在手机、电脑中，都能够通过互联网开始阅读。因此，在阅读推广的持续发展过程中，这种多样化的阅读载体更容易被社会大众所认可，而且已经逐渐变成现代人们阅读时的主要途径。

（二）阅读的方法更加便捷

以往较为传统的阅读模式会受地点、时间等多种因素的限制，但随着图书馆在阅读推广方面的持续发展，广大读者通过手机、电脑就可以阅读；而且如今手机已经变成现代人们的必需品，这就可以使广大读者不再因为地点或时间等因素限制阅读，还可以随意挑选自己喜欢的类型与内容开始阅读，有不懂的问题或疑问，可以通过网络获得较准确的答案，这样就能够有效地加深读者的印象与理解，比传统的阅读方法更有优势。

（三）阅读的内容更加片面

以往较为传统的阅读形式如报纸等，在阅读时通常都会按照资源的顺序展开阅读，这样在阅读过程中需要消耗大量时间，但在这个时间内读者可以对内容展开思考，从而加深了对资源的了解。但在如今互联网十分普遍的情况下，广大读者可以在网络中寻找任何资源，在这种情况下，就会导致阅读变成了浏览，在浏览过程中也开始更加跳跃。除此之外，有了搜索这项功能的引导，读者可以通过搜索来转换资源链接，就会导致阅读的实际内容更加片面，这种片面的阅读，读者也无法对其中的内容展开思考，更无法深入了解阅读内容的实际意义。

（四）阅读的过程更加娱乐化

在图书馆发展阅读推广的过程中，一定要与如今时代的发展趋势相符合，这就需要阅读过程更加娱乐化，读者在阅读的过程中会感到愉悦。而在手机或电脑中的阅读形式，既拥有文字以供阅读，还具备图片、视频等内容，这样就可以为广大读者提供全新的阅读体验，也使阅读不像以往一样枯燥、死板。如今阅读的形式与内容已经朝生动、形象、直观的方向发展，这不仅有利于提升社会大众对阅读的兴趣，还能够为广大读者提供更舒适的视觉体验。

二、图书馆阅读推广发展的有效对策

（一）细化阅读推广人群的分类

随着全民阅读理念的不断推广，参与全民阅读的人群数量也在不断增加，但随着人群的不断扩大，人们对阅读的需求数量也在不断增加。这就需要通过细化阅读推广人群的分类，来实现对阅读推广工作的推动。图书馆作为发起阅读推广活动的主要部分，为了细化阅读推广人群，就需要及时调整与转变阅读推广的方式及策略，并在调整方向的同时全面调查阅读人群对书籍的需求、喜好与阅读人群的年龄、阅读方式等。同时，需要根据不同类型的人群制定出相应的推广方式。例如，针对幼儿读者的推广方式需要以积极互动、体验服务等来实现；而针对青少年或中年读者的推广方式，则需要通过现代化信息技术手段来实现；在针对老年读者的推广方式中，应更加注重有声读物的推广方式。在实现细化阅读推广人群分类的同时，从根本上促进全民阅读活动的发展与进展，为提高现代人们的知识水平提供良好的基础保障。

（二）充分满足读者的阅读要求

随着时代的发展，选择现代化阅读方式的人群数量在不断增加，在开展全民阅读活动推广的过程中，就可以将现代化阅读方式作为国民纸质阅读方面不足的补充因素。在图书馆阅读推广活动进行的过程中，可以根据图书馆官方微博、微信公众号、微信小程序、抖音等自媒体软件，通过有针对性的方式对全民阅读活动进行推广。同时，需要全面提高对数字化阅读资源的整合与运用，图书馆需要根据数字化阅读资源构建出相应的资源库，并全面优化数字化阅读资源的索引功能，使现代人们通过搜索的方式选择自己更加喜爱的刊物、书籍等。此外，针对图书馆外的读者，图书馆可以根据官网注册的方式向其提供阅读帮助，尽可能地满足其各类阅读要求。

（三）科学创新阅读推广的方式

随着近年来全民阅读活动的开展与推进，各个地区也逐渐形成具备各自特色的推广方式，但因多样化的推广方式可以有效吸引阅读人群，在图书馆进行阅读推广的过程中，就可以通过科学的方式创新阅读推广方式，从根本上扩大全民阅读活动的推广范围。例如，定期举办阅读大赛，全面征召阅读大赛的参赛人员，赛事主题可以设置为活动类、读者组织类、出版刊物类、新媒体推广类等，通过阅读大赛来实现扩大阅读人群的目的。

（四）培养优秀的阅读推广团队

要想更好地实现图书馆阅读推广，就需要培养优秀的阅读推广团队，不断吸纳优秀推广人才，从根本上实现对阅读活动的推广。在对图书馆阅读推广团队进行培养的过程中，需要结合图书馆所在地区的实际情况，并充分借鉴中国图书馆的人员培训管理方式，针对推广人员制定出完善的管理制度，并从制度上设计出相应的推广人员培训体系。在参考中国图书馆人员培训管理方式时，需要在其传统的培训管理方式中进行创新，充分融合现代化的技术管理手段，同时还需要针对推广人员的服务意识进行培训，确保其通过培训后能够完成图书馆阅读活动的推广任务，从而为图书馆阅读推广工作的顺利开展与进行提供良好的基础保障。

（五）构建完善的阅读服务平台

在对图书馆全民阅读活动进行推广的过程中，需要充分确保阅读服务平台的完善与质量，从根本上提高读者在阅读过程中的体验。在构建完善的阅读服务平台时，需要全面丰富馆内的文献资源，加强馆内文献资源的建设，从而确保馆内资料的全面性。同时还需要科学合理地控制资源采购支出，保证图书馆资源采购资金的充分利用。此外，在构建阅读服务平台的过程中，需要加强对馆内设备及设施的建设，提高对先进设备引进的重视程度，如电子阅报机、电子借阅机等；同时还需要加强对图书馆网络平台的建设，从根本上确保实现自动化阅读服务的理念，从而为图书馆全民阅读活动推广工作的顺利开展与进行提供良好的基础保障。

（六）加强全民阅读的推广力度

随着现代社会的不断发展与进步，新媒体已经逐渐成为现代媒体领域的主要发展趋势。在这种趋势的影响下，图书馆就需要合理运用新媒体，从而实现对全民阅读活动的推广。在推广的过程中，图书馆可以构建出书目推荐专栏，将书籍的图片、内容、提要等方面发布在相应平台中；同时将移动图书馆作为全民阅读推广的主要方式，加强对书籍信息资源采集与整合的重视，同时通过移动图书馆为读者提供书籍信息查询、阅读资源获取等服务，确保读者可以通过手机搜索的方式，实现对书籍随时随地的阅读、下载等。

（七）合理开拓多元化阅读形式

为了实现图书馆阅读活动的推广，就需要以读者的个性、喜好等需求为主要开展点，通过多元化的阅读推广方式，为读者提供多样化的服务，从根本上激发读者参与阅读活动的兴趣。在开拓多元化阅读方式时，可以将活动内容融合进现代化应用平台中，将书籍资源通过整合的方式构建出资源库，而后针对阅读用户构建出相应的交流沟通平台，使读者可以通过平台向图书馆提出自身的需求与建议。此外，还可以将经典影视作品融合进推广服务中，充分发挥出经典影视作品的作用。这样不仅可以有效提高推广活动的有效性，同时还可以充分丰富读者的阅读生活。

第七章 图书馆阅读推广创新研究

第一节 利用新媒介促进图书馆阅读推广

随着媒介技术的发展,媒介组织进一步走向联合,"媒介融合"已经成为一个急速发展、影响极其深远的媒介生态现象。阅读作为传统媒介与新兴媒介都高度聚焦的领域,也不可避免地受到媒介融合的巨大影响,阅读对象从印刷型读物延伸到音频广播、模拟视频、数字多媒体读物,阅读活动的环境从固定地点、固定时段拓展到任何时段、任何地点,同时读者的阅读方式、思维模式、价值评判标准也发生着巨大变化。因此,面对传媒时代的剧烈变革,图书馆如何准确把握媒介融合的特点,有效发挥媒介融合的优势,从而更广泛、深入地推动阅读,是一个值得认真研究的课题。

一、利用新媒介开展阅读推广的特点

(一)移动性强

以手机为主要代表的移动终端是新媒介在阅读推广中的主力。移动终端提高了信息传播的效率,增强了阅读推广的移动性。利用手机,读者可以随时随地获取阅读推广信息,观看并分享阅读推广信息内容。在读者群中,手机与手机间的分享互动,使得阅读推广范围扩大,加快了信息内容的传播速度,实现了新媒介在阅读推广中信息传播的动态化和移动化,提高了信息资源在读者群中的共享与传播。

（二）富有个性化

数字时代，读者个性化意识越来越强，大众盲从的阅读心理渐渐消失，他们对阅读有主动选择的权利，借助信息技术他们可以轻易找到想要阅读的内容。读者寻找阅读信息时会留下印迹，如阅读的内容、访问的网页、个性化标签等，这可能让新媒介捕捉到读者的兴趣爱好。阅读推广主体会根据捕捉到的读者特点和需求，明确阅读推广的对象，有针对性地推送读者感兴趣的内容，满足读者个性化需求，促进阅读推广质量和效率的提高。

（三）交流互动活跃

读者在阅读之余，渴望与其他阅读者交流互动，分享自己的阅读感受。交流互动促进了信息内容的广泛传播，这是新媒介进行阅读推广的重要途径。在新媒介中，读者可以根据自己的兴趣爱好与其他读者相互关注，建立互动交流，形成新媒介用户群。群体中的用户可以对进入群体的信息交流、互动、创造、传播。阅读推广主体可以与这些读者群相互关注、交流互动，这样，阅读推广主体发布的信息内容可以通过读者群中分享传播，吸引更多的读者关注到阅读推广活动。

二、新媒介环境下图书馆阅读推广面临新的机遇和挑战

（一）读者获取信息与知识的途径日趋多样化

随着信息技术的快速发展，读者获取信息与知识的途径呈现出多渠道、多元化、多媒体的新特点。新媒介阅读作为一种重要的阅读方式日益普及，从在线阅读、电子阅读器阅读发展到以手机、平板电脑等移动终端为载体的无线阅读。新媒介环境下，"读者的阅读需求活动对作为物理状态的图书馆的依赖程度明显降低，分布式数据库状态的虚拟图书馆在满足读者信息需求中发挥了巨大作用。读者足不出户通过移动阅读设施就能及时获取信息"。这些对图书馆开展基于新媒介、多终端的阅读推广服务都提出了新的要求。

（二）读者对图书馆的服务提出了更高、更深层次的需求

随着信息技术的高速发展和广泛运用，图书馆的馆藏形式发生了显著的改变。目前图书馆的资源建设正经历着从原始资源采购到资源授权、从图书馆自行采购到

完全受用户驱动的演变，读者对文献信息的需求呈现出多元化的趋势，图书馆馆藏建设应本着以读者为本的准则。新媒介技术的发展给图书馆阅读推广带来挑战的同时，也为图书馆业务和服务的提升与发展带来了新的机遇。图书馆可以在更广阔的平台上拓展服务范围，创新服务模式，提升服务能力，推动业务发展。

三、利用新媒介进行阅读推广的策略

（一）提升馆员能力

立体式宣传报道要求对现有的宣传推广流程再造，深度整合馆内各种推广力量，无论是处于何种岗位的图书馆工作人员，新媒介融合背景下的阅读推广都对其提出了"一专多能"的全媒体工作要求，不仅要具备妙笔生花的写作能力，能够轻松应对短篇网络新闻与长篇深度报道的写作，而且要具备优秀的摄影、摄像、音视频后期处理能力，还要熟练掌握全媒体营销运营能力，让阅读推广的作品更具交流性、传播性。

（二）组织丰富的新媒介阅读活动

图书馆在阅读推广中可以成立各种各样的读者新媒介阅读组织，如阅读指导委员会、读书会、读书沙龙、读者协会等，负责新媒介阅读活动的调查和指导，举办各种新媒介阅读论坛，定期邀请一些专家学者来传授新媒介阅读的方法、技巧；举办图书馆宣传服务月，邀请数据库商做数据库资源利用讲座，以期提高读者利用图书馆资源的能力，提高他们的阅读层次。此外，还可举办阅读竞赛、阅读成果展、评选新媒介阅读之星等阅读活动，以各种方式来提高读者阅读素养。

（三）建立学科馆员制度，提高服务深度

学科馆员是指具有学科背景、以学科划分业务工作和读者服务工作的新型馆员，他们既熟悉本馆所拥有的各种信息资源，具有较强的文献信息检索、组织能力，又熟悉各学科教学科研情况。

（四）注重新媒介阅读推广体系的多元化

一是新媒介各种平台的阅读内容要方便读者阅读、观看。如目前图书馆的微信

公众平台的服务内容包括馆藏查询、通知公告、书证查询、图书馆推荐和热门借阅这几大板块，如能将美文阅读、经典作品赏析、历史文化及音乐鉴赏等内容直接放于公众平台，方便读者随时阅读欣赏，从而促进阅读推广。二是通过新媒介开展网上阅读推广活动。图书馆可以将一些传统阅读推广活动转为线上活动，如微信读书会。传统读书会的开展受场次地域限制，而微信读书会则打破这种限制，只要读者使用安装了微信APP的智能手机，连接网络就可以免费参与。读者利用微信交流读书心得，讨论焦点话题，不依赖单一和单向的点对面传播。这种自由便利，有利于读书会的推广和普及，促进全民阅读社会风尚的形成。除此之外，图片影像展、在线阅读知识竞赛、各类读者调查活动等也可以在线上开展。

综上所述，图书馆应适应信息时代的发展，充分利用新媒介进行综合阅读推广，使阅读推广活动更有吸引力和生命力，从而提升校园人文气息，传播校园文化，营造阅读的环境氛围。

第二节 "互联网+"时代公共图书馆阅读推广

伴随着"互联网+"时代的到来，人们的生活方式和阅读模式也发生了翻天覆地的变化，尤其是公共图书馆阅读推广工作，要面临市场带来的机遇和挑战，不仅要整合阅读平台，也要对阅读模式以及阅读资源等予以衡量和管理，充分发扬互联网精神。

一、"互联网+"概述

"互联网+"是一种多样化的组合模式，指的是互联网和各种传统行业融合的统称，需要注意的是，这个"+"的过程并不是简单的相加，而是两种行业的融合，借助互联网思维建构信息技术和互联网交流平台，整合传统行业发展趋势和互联网深度融合策略，从而形成新的行业形态以及领域。基于此，"互联网+"是对社会行业进行的深刻改革和创新，也是新时期各个领域发展的基本路径，要整合互联网资源和产业发展需求，才能顺应市场变革。

二、"互联网+"时代阅读模式的转变

在"互联网+"时代,人们的阅读变化明显,图书馆常规化管理工作也要顺应人们阅读模式的转变需求,真正践行创新性发展和升级。

第一,阅读渠道得以拓展。在云计算和大数据时代背景下,信息化技术实现了全面优化,其中,新媒体技术不断发展,无论是信息传递形式还是信息内容都呈现出深刻变革的形态。基于此,信息的传播路径也实现了扩展和升级,信息的传递成本逐渐降低,而信息量则大幅度增加。在传统的信息整合结构中,阅读的基础性载体就是纸媒,无论是图书还是杂志报纸,都是结构固定的单一化信息传递平台。而在"互联网+"时代,信息传递借助互联网技术,在移动设备中进行阅读也成为主流。所以,阅读本身的扩展使得阅读渠道得以增加,全面整合单一化渠道以及互联网管理结构,就能建立健全更加系统化的信息传递媒介和平台。在多元化媒介体系内,无论是阅读还是资料处理工作都更加便利和有效。其选择性以及自由度的增加使得人们的阅读成本逐渐降低,阅读环境也实现了提升。

第二,阅读模式的转变。在新兴技术的发展背景下,传统的阅读渠道实现了多元化升级,使得人们的阅读渠道也随之增加,尤其是阅读模式和阅读习惯的改变,也助推了阅读模式的变革。人们从纸质图书、杂志以及报纸的阅读结构逐渐转变为平板、手机等阅读方式,正是新媒体的介入,使得整体阅读结构和信息整合机制更加轻松有效。也就是说,在零散化和随时性特征的推动下,人们的阅读模式也呈现出了较为新颖的变化。正是阅读模式的转变,推动了阅读结构的时代性发展进程。

第三,阅读效能的提升。伴随着"互联网+"模式的提出和升级,阅读结构和阅读体验不断丰富,从而使得数字化阅读结构更加有效,阅读环境也趋于友好,正是阅读成本的降低,使得参与阅读的人数逐渐增多,人们能借助更加便捷化的阅读方式满足阅读体验。手机、平板以及电脑等智能化终端建立的差异化阅读载体成为时代发展的产物,人们阅读时间逐渐增多,借助互联网建立了知识点链接结构,也为知识点检索提供了保障,确保阅读内容更加丰富而整体互联网结构应用价值也更加便利,不仅完善了无障碍阅读和实时交流的结构体系,也为阅读平台的分享以及阅读体验的探讨提供了基础环境。正是基于此,在公共图书馆进行阅读推广的过程中,要充分掌握现代阅读群体的需求,建立精准化阅读机制,并且为人们提供更加人性

化且个性化的阅读服务，保证推广效果全面升级的基础上，实现阅读效能的优化。

三、"互联网+"时代和图书馆阅读推广之间的关系

从20世纪90年代开始，图书馆在阅读推广工作开展过程中，就逐渐和信息技术相结合，有效分析纸质阅读资源的同时，开始进行资源体系的数字化处理。也就是说，借助互联网技术能对数字资源进行及时性的查询和检索，然后建立基本的阅读关系，人们对数字资源的需求量不断增大，数字资源要满足阅读需求，就要对现代化信息技术予以调控升级。基于此，互联网和图书馆推广项目之间就形成了互相作用和影响的关系，数字化阅读平台的升级要将互联网作为基本的支撑结构，不断整合网站资源、数据库资源以及新媒体资源等，对不同需求的阅读群体给予差异化服务，践行优质高效的信息整合管控机制，确保阅读精品成为主流内容。

另外，在社会节奏不断加快的背景下，有效整合读者的阅读需求，保证处理效率和分析机制的完整程度。在"互联网+"时代背景下，图书馆在阅读推广工作开展后，要真正建构兼容个人电脑、智能手机以及电子阅读器的移动化终端特色化项目，发挥其互动性以及智能性立体阅读推广体验，确保读者的需求和阅读愿景得以满足。除此之外，图书馆在新型阅读推广机制建立的过程中，要充分融合互联网集聚融合能力，借助不同平台展开阅读资源推广和宣传机制，实现管理标准的全面升级。

四、"互联网+"时代公共图书馆阅读推广项目

（一）转变公共图书馆阅读推广形式

"互联网+"时代背景下，要想从根本上升级公共图书馆阅读推广水平，就要建立健全完善有效的网络控制机制，整合资源体系的完整程度。

人们借助新兴媒体进行阅读的时间在增长，尤其是手机终端，人们将充分利用碎片化的时间进行阅读和信息提取，满足阅读需求。另外，作为信息传递的公共图书馆，也要充分发挥自身的价值和优势，融合现代新媒体平台的基础上，对线上线下资源以及服务体系予以判定，并且在信息推送以及实时交流方面建立全方位阅读体验和服务模式。

（二）提倡"个性化"阅读推广机制

在"互联网+"时代，满足人们的个性化需求成为行业发展的主流趋势。因此，为了发展图书馆阅读推广项目，也要在尊重个体化差异以及阅读需求的基础上，保证用户体验得以满足。

在阅读推广工作开展进程中，要在互联网思维建构的同时，将读者的基础性需求和阅读体验作为根本以及项目发展的中心，有效落实分众阅读以及个性化阅读，在满足差异化需求的同时，也为开展阅读服务项目提供保障。针对差异化读者，落实兴趣爱好、阅读习惯以及阅读侧重点等基础性特征展开服务项目，提供相应的阅读资料以及服务，保证阅读实效性和基本需求。

（1）"互联网+"环境中，要对读者的年龄、学历以及工作背景等基础性信息进行统计，借助大数据分析推送相应的阅读资料和范围。

（2）建立大数据分析机制，能对读者数据库、网页以及信息搜索等项目的停留时间，以及阅读评论关注焦点等信息建立有针对性的阅读推送管理。在信息提取以及微阅读机制建立后，就能在信息提取后完善深度分析机制的实际价值，确保能全面了解阅读者的兴趣偏好，维护群体推广机制。

（3）借助数据处理技术，对利用率高以及闲置资源予以判定，全面分析阅读需求后就能展开系统化的资源整合以及优化措施，从差异性侧重点出发，确保阅读推广的实效性。

除此之外，公共图书馆可以定期发起"年度读者最爱的十本书"活动，不仅能对公共图书馆资源以及服务予以整合，也能对资源进行系统化推广，确保图书馆资源体系的完整程度。借助延伸传统阅读的推广措施和管理策略，能为读者和公共图书馆之间搭建有效的平台，保证阅读活动更加具有时代价值，也为阅读服务辐射范围的增大奠定坚实基础，建构系统化的网络平台。

（三）拓展渠道多样化

为了全面完善阅读水平，建构"互联网+"和其他领域的融合也成为新时期公共图书馆阅读推广的发展趋势。其中，智能手机、平板电脑、电子阅读器等基础性智能化终端结构，能保证阅读不受任何场景和场所的约束。

"互联网+"时代，互联网借助其连接数据信息的特点，为图书馆开放性需求提供了保障，也能在更加开放和有效的环境中实现合作，并且无论技术的发展方向如何，都能整合图书馆战略体系，确保服务的主动性和有效性，满足全天候服务理念以及要求的同时，保证阅读文化服务元素能被应用在不同的领域和行业内。基于此，组织机构和行业内部开始形成阅读意识，真正践行阅读推广和行业工作结合的要求，保证公共图书馆基本目标得以实现。

例如，图书馆和物流公司建立有效的合作关系，借助物流网络建立送书上门的点对点服务，以及通借通还的服务模式，能在节省读者时间的同时，从根本上激发阅读的积极性。另外，将公共图书馆和电视台进行合作，借助无线电视网络设定有效的电视图书馆，从根本上满足人们足不出户就享受阅读的需求。公共图书馆在跨界合作中不仅仅是发起者，同样也是最基本的服务供应者，在建立针对不同优势整合资源体系的同时，确保体验活动能为读者阅读兴趣的提升提供保障。

（四）建立"互联网+"阅读推广路径

在公共图书管理阅读推广项目中，要想真正发挥"互联网+"的优势，就要整合营销机制，实现推广活动和信息的完整性目标。只有推广营销模式和多样性结构，才能在显著提升读者关注度的同时，维护阶段性营销效果。

一方面，建构微博营销路径。目前，微博作为信息传递以及发布较快的公众平台，人们在访问信息以及查询信息的过程中，还能对信息进行评论和转发等，真正实现了互动行为的实效性。在信息聚合以及传播速度共同建立以及维系的过程中，整合公共图书馆实际需求的同时，也为阅读推广工作的全面开展奠定了坚实基础。地方公共图书馆能借助微博建立书展、论坛以及读书推荐活动，强化推广效率和传播水平。

另一方面，建构微信营销路径，主要是指公共图书馆要开设微信公众号，建立定期群发短信机制，保证主页面具备关键词搜索和导航式菜单，以提高阅读效率和图书馆资源整合水平，建构活动通知结构，完善微信营销的整体水平。

除此之外，还要整合大数据阅读推广机制，在互联网技术不断发展的背景下，人们借助网络获取信息的同时，也能在图书馆了解读者的基本需求，从而建构更加系统化的读者数据库，借助读者注册的基本信息以及借阅信息，整合数据建立健全系统化的推送机制，深度挖掘读者的阅读需求。借助相应的营销推广手段，完善个性化服务水平，完善智能化阅读推广措施的完整程度，为后续技术分析以及阅读管理水平提升奠定坚实基础。

总而言之，在"互联网+"时代背景下，公共图书馆要充分发挥信息技术的优势，尤其是加强对移动互联网的管理工作，要整合阅读效能和管理需求，建构阅读型、知识型全民阅读机制，并且提高阅读综合水平。实现"互联网+"背景下阅读的常态化需求，整合时代图书阅读特征的同时，确保新媒体平台的维护工作能满足实际推广需求，推广更加丰富的阅读活动，将阅读转变为生活常态习惯。

第八章 图书馆阅读推广若干焦点问题

阅读推广是全世界图书馆都非常重视的一项职能，图书馆在阅读推广过程中一直在摸索前行。随着阅读推广活动开展得如火如荼，图书馆遇到的问题也越来越多，例如以公益服务为定位的图书馆阅读推广是否应该开展生来便具有商业属性的文化创意产品开发工作？阅读推广主体多元化背景下阅读政策的导向性与约束力是怎样的？如何应用法律的武器来破解阅读推广过程中遇到的各种问题？等等。为此，本书单辟一讲，从阅读政策角度剖析部分焦点问题，以助实践与研究。

第一节 文化创意产品开发与图书馆阅读推广

文化创意产品开发可以实现中华民族优秀传统文化的创造性转化和创新性发展、扩大中华传统文化的传播力度、丰富人民群众的精神文化生活、提升文化文物单位的服务能力和水平。国家出台了一系列政策文件、法律法规来鼓励和引导文化文物单位开展文化创意产品开发工作，作为公益文化事业单位的图书馆也在之列。

一、图书馆文化创意产品的概念

基于文创产品的概念与特征，业内对图书馆文创产品的概念进行了探索。中科院文献情报中心馆员莫晓霞认为，图书馆文创产品"应该是基于图书馆资源开发的，能体现图书馆深厚文化内涵，同时起到传达图书馆教育功能、经营理念及传播图书馆文化作用的创意产品"[①]。山西省图书馆副研究馆员武吉虹认为图书馆文创产品是基于其资源和服务，经过创意转化开发的具有知识产权的高附加值产品，包括物质

---
① 莫晓霞. 图书馆文化创意产品开发探讨[J]. 图书馆建设，2016（10）：98-101.

实体产品和非物质形态的服务。资源和服务是图书馆文创产品开发的基础依托，也是区别于其他机构文创产品的主要特征①。南开大学商学院博士研究生张雅琪、南开大学商学院教授柯平认为凡能起到帮助图书馆扩大宣传效应、促进阅读学习等推动作用的其他市场主体开发的创意产品也应列为图书馆文创产品，并综合多位学者的概念分析，给图书馆文创产品下的定义为："是为图书馆实现其使命而开发的，基于图书馆馆藏、历史、空间、人文等在内的图书馆元素，以及其他与图书馆相关的外部因素，同时凝结人们的智慧、想象力和创造力，能够体现图书馆精神、理念、价值观的产品。"②本书认为张雅琪、柯平的定义较为全面和严谨，具有代表性。

二、图书馆文化创意产品开发相关政策

（一）文化创意产品开发相关政策文件

2016年3月，国务院印发《国务院关于进一步加强文物工作的指导意见》，提出要拓展利用文化文物，深入挖掘文物资源的价值内涵和文化元素，开发创意产品，形成创意产业，打造文化创意品牌③。同年5月，国务院办公厅转发了文化部等单位《关于推动文化文物单位文化创意产品开发的若干意见》（国办发〔2016〕36号，以下简称《意见》）④，从总体要求、主要任务、支持政策和保证措施三个方面对文化文物单位的文化创意产品开发工作作出了要求和指导。《意见》印发后，文化部确定或备案了154家试点单位，其中37家副省级以上图书馆被列入文化创意产品开发试点单位名单。为进一步推进《意见》落实，2017年1月，文化部办公厅、国家文物局办公室联合发布了关于开展《关于推动文化文物单位文化创意产品开发的若干意见》落实情况阶段性总结的通知⑤，旨在总结推广试点工作经验，推进下一步工作。

---

① 武吉虹.图书馆文化创意产品开发方向与原则探究[J].图书馆理论与实践，2017(8): 15-19.

② 张雅琪，柯平.美国图书馆文化创意产品发展现状及启示[J].图书情报工作，2017，61(22): 59—68.

③ 国务院关于进一步加强文物工作的指导意见[EB/OL].[2018-09-30].http://www.gov.cn/zhengce/content/2016-03/08/content_5050721.htm.

④ 国务院办公厅转发文化部等部门关于推动文化文物单位文化创意产品开发若干意见的通知[EB/OL].[2018-09-30].http://www.gov.cn/zhengce/content/2016-05/16/content_5073722.htm.

⑤ 文化部办公厅国家文物局办公室关于开展《关于推动文化文物单位文化创意产品开发的若干意见》落实情况阶段性总结的通知[EB/OL].[2018-09-30].http://zwgk.mct.gov.cn/auto 255/201701/t20170117_477674.html.

同年2月，文化部发布了《文化部"十三五"时期文化发展改革规划》[1]，其中对"十三五"时期文创产品开发工作作出了规划和部署。随后，文化部在2017和2018年度的中央财政文化产业发展专项资金重大项目申报工作中，明确将文化创意产品开发列入支持内容。

在国家发布了一系列文创产品开发支持政策文件之后，各地省市主管部门也纷纷以国家政策文本为依据，探索制定与本地区经济、社会发展相适应的文创产品开发方案。例如重庆市提出到2020年要落实"三个一批"（培育一批市场主体、集聚一批专业人才、塑造一批品牌产品），建成"两个体系"（文化创意产品开发体系和营销体系），形成"三个机制"（各试点单位的开发模式、收入分配和激励机制）和实现"两个效益"（经济效益和社会效益显著增强）[2]。甘肃省计划分三个步骤实施，即第一个阶段（2016年12月—2017年12月）为试点阶段；第二阶段（2018年）为推广阶段；第三阶段（2019—2020年）为全面发展阶段。并将八项主要任务和五项保障措施责任到具体部门[3]。四川省提出力争到2020年，全省培育5家以上文化创意产品开发领军单位，创建5～10个文化创意产品开发示范基地，打造10～15个拥有自主知识产权且在全国具有一定影响力的文化创意品牌，力争全省文化创意产品种类达到1000种；深入推进成都"国家文创中心"建设和四川"五大经济区"文化创意产业整体发展，努力构建巴蜀文化鲜明、民族文化特色浓厚的文化创意产品体系[4]。北京市明确了25家试点单位，制定了具有北京特色的创新政策，如在博物馆、美术馆、图书馆三大类别试点单位的基础上新增国家大剧院为试点单位，明确提出试点单位可从文创开发取得的净收入中提取70%及以上奖励开发工作人员，以及为文化文物单位提供外观设计专利快速授权、确权、维权服务等[5]。

---

[1] 文化部"十三五"时期文化发展改革规划[EB/OL].[2018-09-30].http://wwwg.ov.cn/xinwen/2017-02/23/content_5170224.htm.

[2] 重庆市人民政府办公厅发布了关于推动文化文物单位文化创意产品开发的实施意见[EB/OL].[2018-09-30].http://www.cq.gov.cn/publicity_zqsrmzfbgt/whtygdcb/wh/2055.

[3] 甘肃省政府办公厅转发省文化厅等五部门关于推动文化文物单位文化创意产品开发的实施意见[EB/OL].[2018-09-30].http://news.sina.com.cn/o/2016-12-20/doc-ifxytkcf8180645.shtml.

[4] 四川省人民政府办公厅转发文化厅等部门关于推动文化文物单位文化创意产品开发实施意见的通知[EB/OL].[2018-09-30].http://www.sc.gov.cn/zcwj/t.aspx？i=20170321083345-144285-00-000.

[5] 北京市积极推进文化文物单位文化创意产品开发试点工作[EB/OL].[2018-09-30].https://www.mct.gov.cn/whzx/qgwhxxlb/bj/201806/t20180613_833320.htm.

（二）图书馆文化创意产品开发相关政策文件

2017年7月，文化部发布的《"十三五"时期全国公共图书馆事业发展规划》[①]指出："公共图书馆要充分利用馆藏资源，开发文化创意产品；把文化创意产品开发纳入公共图书馆评估定级标准；推动各级公共图书馆利用古籍善本、图书报刊和数字文化资源等开发文化创意产品，挖掘地方传统文献资源，开发一批弘扬中华优秀传统文化、反映时代精神、符合群众实际需求的文化创意产品；举办文化创意产品开发培训班，培训图书馆领域创意开发和营销推广人才。"同年8月，文化部印发的《"十三五"时期全国古籍保护工作规划》[②]中提到"鼓励符合条件的古籍收藏机构发挥古籍资源丰富的优势，依托全国公共图书馆文化创意产品开发联盟等平台，依法通过委托、与文化企事业单位合作等多种方式，开发一批弘扬中华优秀传统文化、反映时代精神、符合群众实际需求的古籍类文化创意产品。把古籍文化创意产品开发与读书活动相结合，举办中华古籍创客大赛、古籍文化创意产品推介会等活动。提高古籍文化创意产品开发的整体品质，加强过程监管。借助国内外图书馆行业会议或学术会议，广泛推介中华古籍类文化创意产品。"[③]《公共图书馆法》第四十六条也指出，公共图书馆应通过巡回展览、公益性讲座、善本再造、创意产品开发等方式，加强古籍宣传，传承发展中华优秀传统文化。推动公共图书馆建立健全由利益相关方共同参与治理的组织架构和运行法人治理机制。法案确保了公共图书馆开展文化创意产业的合法性，并为内部管理从体制上提供了新办法，增强了产业发展在用人和资金上的自主性。2017年，文化部开展了第六次全国县级以上公共图书馆评估，评估标准中也将文创产品开发作为加分项，包括文创工作组织与创意策划，加2.5分；有文创产品，并取得实效的，加2.5分。

三、图书馆文化创意产品开发与其阅读推广公益性之间的角逐

一直以来，图书馆的文创产品开发都开展得不温不火。究其本质原因在于文创

[①] 文化部关于印发《"十三五"时期全国公共图书馆事业发展规划》的通知[EB/OL].[2018-09-30]. http://zwgk.mct.gov.cn/auto255/201707/t20170726_685747.html？ keywords=.

[②] 文化部关于印发《"十三五"时期全国古籍保护工作规划》的通知[EB/OL].[2018-09-30]. http://zwgk.mct.gov.cn/auto255/201709/t20170906_692764.html？ keywords=.

[③] 中华人民共和国公共图书馆法[EB/OL].[2018-09-30].http://zwgk.mct.gov.cn/auto255/2017 11/t20171106_693582.html？ keywords=.

产品开发的经济属性与图书馆阅读推广的公益性之间的碰撞，以及因二者之间的关系衍生出的一系列问题。其中有一部分问题，我们可以从现有的政策文件中找出依据和解释；而有一些问题，尚无政策可依。我们且从文创产品的属性与图书馆的职能、文创产品建设主体与参与力量、文创产品建设资金及绩效分配、知识产权等被广泛关注的几个问题入手，从政策中探寻思路和方向。

（一）文创产品的属性与图书馆的职能

之所以辨析文创产品的属性与图书馆职能之间的关系，其实就是为了回答一个根本性问题——文创产品具有与生俱来的经济属性，图书馆是否应该参与文创产品开发？

首先，图书馆参与文创产品开发具有非常明确的政策依据，乃至相关法律的支撑。《意见》中明确将各级各类图书馆列入开展文创产品开发的文化文物单位范围，并提出应结合自身情况，依托馆藏资源、形象品牌、陈列展览、主题活动和人才队伍等要素，推进文化创意产品开发。《公共图书馆法》第四十六条也指出，公共图书馆应通过巡回展览、公益性讲座、善本再造、创意产品开发等方式，加强古籍宣传，传承发展中华优秀传统文化。

其次，图书馆可以通过文创产品扩大宣传效应、拓宽服务职能。《意见》指出："依托馆藏文化资源，开发各类文化创意产品，是增强文化文物单位服务能力、提升服务水平、丰富服务内容的必然要求。"图书馆文创产品的第一属性是文化，其次才是产品。它是依托图书馆丰富的馆藏与历史文化资源、服务理念、服务项目及服务方式等创作出的多层次、多品种、集文化价值与实用价值为一体的文化衍生产品，向社会宣传图书馆的文化、价值与服务。图书馆通过文创产品的开发与营销，还可以培育读者的阅读与学习兴趣、激发其想象力和创造力，鼓励读者利用图书馆，推动其发现馆藏资源和图书馆历史文化。

再次，公共图书馆属于公益文化服务单位，应处理好基础免费服务项目与文创产品开发之间的关系。《意见》强调："推动文化创意产品开发，要始终把社会效益放在首位。"公共图书馆应在保证基本公共文化服务公益免费的前提下，结合地域文化特色，挖掘地方文化资源的经济价值，加快特色文化的经济效益转化。

（二）文创产品建设主体与参与力量

确认了从事文创产品开发的合法性，那么图书馆应以何种形式加入到文创产品开发？《意见》强调："要严格按照分类推进事业单位改革的政策规定，坚持事企分开的原则，将文化创意产品开发与公益服务分开，原则上以企业为主体参与市场竞争。"也就是说文化文物事业单位的文创产品开发工作最好以企业为主体来开展。然而，由于《意见》并未会签国家工商总局，致使文件在实施过程中可能存在断层，当前没有设立下属企业的事业单位在工商局登记注册设立企业时，工商部门往往以"机关事业单位不得兴办企业"政策为由拒绝为图书馆办理相关手续，不少图书馆因此面临没有合法经营资格的困境，从而无法实质性地迈出以企业形式开展文创工作的步伐。

《意见》还指出要"鼓励文化文物单位与社会力量深度合作""鼓励众创、众包、众扶、众筹""鼓励企业通过限量复制、加盟制造、委托代理等形式参与文化创意产品开发"。图书馆在从事文创产品开发的过程中，要积极引导社会各界力量的参与，发挥各类市场的主体作用，寻求与文创企业、设计机构、高校及其他社会力量的深度合作，优势互补、互利共赢，共同打造文创品牌。但目前尚未有政策文件对图书馆与社会力量深入合作文创的细节问题给予指导，尚有许多操作层面的问题需要考虑。图书馆可以采用授权、合作、独立开发等形式开展文创工作，但每一种形式都存在一定的风险，比如将馆藏授权于社会力量进行开发，双方共享馆藏开发的收益，然而这种操作易导致馆藏价值被低估或被合作者过度开发及利用，造成图书馆无形资产价值的流失。再如通过兴办企业的方式开展文创，若图书馆仅以较少股权与社会力量合作，极易造成图书馆无法控制企业发展方向的局面。

（三）文创产品建设资金及绩效分配

《意见》指出中央和地方各级财政要进一步加大对文化创意产品开发工作的资金支持力度，并将符合条件的文化创意产品开发项目纳入专项建设基金支持范围。同时，鼓励和引导社会资本投入文化创意产品开发，努力形成多渠道投入机制。也就是说，图书馆开展文创建设有了更多的资金渠道和保障。然而，对于这类资金如何使用，《意见》并没有作出明确规定，如扶持资金能否作为图书馆兴办企业的投资款，或者作为股本金与社会资金合作设立企业并占据一定的股份，由图书馆获取未来收益？

财政部门是否允许这样使用资金？等等问题还有待相关政策的出台①。

关于文创产品收益的分配问题，《意见》指出："文化创意产品开发取得的事业收入、经营收入和其他收入等按规定纳入本单位预算统一管理，可用于加强公益文化服务、藏品征集、继续投入文化创意产品开发、对符合规定的人员予以绩效奖励等。国有文化文物单位应积极探索文化创意产品开发收益在相关权利人间的合理分配机制。"文创产品可以为图书馆带来一定的收入，用于提升图书馆的服务功能。然而，《意见》虽明确文创开发所取得的收入按规定纳入本单位预算进行统一管理，但由于图书馆目前主要执行的是事业单位会计制度，实行收支两条线的管理模式，自身开发经营文化创意产品的销售所得不得直接用于本单位开支，必须先行上交②，这在一定程度上影响了图书馆从事文创产品开发的积极性。

（四）知识产权

《意见》指出："允许试点单位通过知识产权作价入股等方式投资设立企业，从事文化创意产品开发经营。"这对于拥有丰富馆藏资源的图书馆而言无疑是件好事。那么问题也来了，如何对馆藏资源进行价值认定？如何防止馆藏资源的无形资产价值流失？如何保护著作权及防范盗版？这些问题均需要给予明确和解决。

《意见》还指出："促进文化文物单位提升品牌培育意识以及知识产权创造、运用、保护和管理能力，积极培育拥有较高知名度和美誉度的文化创意品牌。"图书馆参与文创产品开发主要应重视两方面的知识产权保护：一方面，在产品的设计、开发、营销等过程中要确保不侵犯文献原作者的著作权，充分尊重原作者的版权利益；另一方面，要注意维护图书馆自身的权益，无论是合作开发还是授权开发文创产品，图书馆都要签订规范的条款和文件来明确各相关主体在限量复制、加盟制造、委托代理等形式中的版权和利益事宜。并且，对于文创产品好的创意，在推入市场前应该考虑产品的品牌保护及原创性设计的知识产权保护。

---

① 田利.关于图书馆开展文创工作的理性思考[J].图书馆工作与研究，2017（2）：9-13.
② 郭慧玲.面向用户创新驱动的图书馆文化创意产品开发模式探究[J].图书馆工作与研究，2017（10）：91-95.

第二节　阅读推广政策与社会力量参与

自从党的十八届三中全会提出"要完善文化管理体制，推动公共文化服务社会化发展"后，国家发布的各种公共文化服务指导性政策意见中均将"政府主导，社会参与"作为基本原则之一。具体到阅读推广领域，吸引和引导社会力量参与是推进全民阅读推广工作的重要途径，具有重要意义。

一、社会力量参与阅读推广相关政策梳理

（一）国家层面

全民阅读推广是一项系统的公共文化服务内容，仅依靠政府或者某个部门很难做到服务的全面精准，急需发动社会力量广泛参与[1]。国家层面近年来出台了一系列政策和法律文件，比如《关于加快构建现代公共文化服务体系的意见》《公共文化服务保障法》《"十三五"时期全国公共图书馆事业发展规划》《公共图书馆法》等，鼓励和引导社会力量参与公共文化及公共图书馆的建设与服务，内容主要涉及社会力量的激励政策、社会力量参与的渠道和可参与的内容等。

而专门从阅读推广的角度阐述社会力量参与全民阅读推广的政策文件，较全面的为《全民阅读"十三五"规划纲要》[2]，其中设置了"社会力量参与机制"专栏：鼓励和吸引社会力量建设全民阅读公共设施、提供全民阅读服务；充分发挥热心阅读推广的社会名人、文化名家的阅读引领作用；鼓励和支持公务员、教师、新闻出版工作者、大学生等加入阅读推广人队伍，定期培训，提升阅读推广人队伍的整体素质和服务能力；鼓励和支持文化团体、教育机构和其他社会组织开展阅读推广并提供公益阅读服务；成立各级全民阅读促进协会；鼓励和支持高等院校和科研单位进行阅读研究，鼓励从跨学科的角度研究阅读理论，创新研究方法，加强阅读学学

---

[1] 刘雪花，陈思文.阅读立法视野下社会力量参与全民阅读推广研究[J].图书馆工作与研究，2018（6）：106-112.

[2] 国家新闻出版广电总局关于印发《全民阅读"十三五"时期发展规划》的通知[EB/OL].[2018-10-06].http://www.sApprft.gov.cn/sApprft/contents/6588/311617.shtml.

科建设，促进全民阅读工作的开展。

（二）地方层面

随着国家对全民阅读政策引导和深入推进，各省市也纷纷制定适合本地区实际情况的全民阅读条例或相关法律规章，并且从不同角度设置吸引、鼓励和引导社会力量进行阅读推广活动的条款。如《江苏省人民代表大会常务委员会关于促进全民阅读的决定》①第四条提出"鼓励、支持成立全民阅读公益基金会，依法接受公民、法人或者其他组织捐赠"。《湖北省全民阅读促进办法》②第二十二条提出："鼓励支持发展阅读推广组织和阅读推广人。全民阅读公共服务场所可以配备阅读推广人，为读者提供辅导和服务。鼓励支持成立读书协会、读书俱乐部等群众组织，开展全民阅读活动。鼓励支持成立全民阅读志愿服务组织，扶持全民阅读基层志愿服务网点建设，开展全民阅读志愿者服务活动。县级以上人民政府新闻出版广电等相关部门，对阅读推广组织的有关人员和阅读推广人免费提供全民阅读培训服务。"《深圳经济特区全民阅读促进条例》③中提出设立深圳市全民阅读指导委员会，且市政府可以发起成立公益性全民阅读基金，用于扶持公益性阅读组织，培训阅读推广人，实施社区阅读、未成年人阅读及特殊群体阅读服务计划，组织阅读能力测评、阅读调查及阅读研究等。

二、阅读推广政策对社会力量参与阅读推广的保护与约束

无论是国家层面还是地方层面的政策与法规，不仅为社会力量参与阅读推广提供了政策依据，凸显了社会力量参与全民阅读推广的地位和作用，更重要的是明确了阅读推广各个参与主体的参与方式、奖励措施和法律责任等。

（一）社会力量参与阅读推广的鼓励措施

根据我国颁布或下发的各类阅读政策，国家或地方政府主要采取政府购买服务、

---

① 江苏省人民代表大会常务委员会关于促进全民阅读的决定[EB/OL].[2018-10-06].http://www.jiangsu.gov.cn/art/2014/11/28/art_59202_7154034.html.

② 湖北省全民阅读促进办法[EB/OL][.2018-10-06].http://www.hubei.gov.cn/govfile/ezl/201412/t20141224_1031943.shtml.

③ 深圳经济特区全民阅读促进条例[EB/OL].[2018-10-06].http://www.sz.gov.cn/whj/zcfgg fx wj/zcfg/xwcb/201605/t20160527_3659885.htm.

捐赠冠名及表彰、税收优惠等方式对社会力量参与阅读推广予以鼓励。

1. 政府购买服务

《公共图书馆法》第四十五条明确规定,国家采取政府购买服务等措施,对公民、法人和其他组织设立的公共图书馆提供服务给予扶持。《关于做好政府向社会力量购买公共文化服务工作意见》①提出,从政府购买服务的八个要素入手有序推进社会力量参与公共文化服务,即购买主体、承接主体、购买内容、制定目录、购买机制、资金保障、监管机制和绩效评价。

2. 捐赠者冠名及表彰

《公共图书馆法》第二十条规定:"公共图书馆可以以捐赠者姓名、名称命名文献信息专藏或者专题活动。公民、法人和其他组织设立的公共图书馆,可以以捐赠者的姓名、名称命名公共图书馆、公共图书馆馆舍或者其他设施。"将捐赠者冠名制度上升到法律层面,既肯定了捐赠者的社会贡献,又通过给予法律承认的社会荣誉调动起了社会力量参与全民阅读活动的积极性②。

此外,相关阅读政策还提出对在全民阅读工作中有贡献的组织和个人给予表彰、奖励或其他鼓励。如《湖北省全民阅读促进办法》第二十八条和第二十九条指出,县级以上人民政府采取政府购买、项目补贴、以奖代补、发放购书券等方式,鼓励和吸引社会力量参与全民阅读活动,并对在全民阅读工作中做出突出贡献的组织和个人予以表彰和奖励。

3. 税收、贷款优惠等

为鼓励与宣传社会力量对文化事业的捐赠,《关于进一步支持文化事业发展若干经济政策》③中明确提出:"社会力量通过国家批准成立的非营利性的公益组织或国家机关对宣传文化事业的公益性捐赠,经税务机关审核后,纳税人缴纳企业所得税时,在年度应纳税所得额10%以内的部分,可在计算应纳税所得额时予以扣除;纳税人缴纳个人所得税时,捐赠额未超过纳税人申报的应纳税所得额30%的部分,可从其应纳税所得额中扣除。"部分法律法规、政策文件对境外捐赠等也给予减征或免征进口关税、增值税等。部分地方法规的优惠力度更大,如无锡市对社会力量

---

① 国务院办公厅转发文化部等部门关于做好政府向社会力量购买公共文化服务工作意见的通知[EB/OL].[2018-10-06].http://www.gov.cn/zhengce/content/2015-05/11/content_9723.htm.
② 刘晓东. 社会力量参与公共图书馆建设的法律依据[J]. 图书馆,2018(2):5-7, 13.
③ 国务院办公厅转发财政部中宣部关于进一步支持文化事业发展若干经济政策的通知[EB/OL].[2018-10-06].http://www.gov.cn/zwgk/2006-06/16/content_311963.htm.

兴办公共文化服务项目，在土地使用、建设、费用减免等方面给予政策倾斜，对通过公益性社会组织或县级以上人民政府及其部门用于公益事业的捐赠，可享受税前扣除企业所得税；为社会力量进入公共文化服务领域提供信用贷款支持；鼓励社会力量在符合用地功能建设条件情况下，利用废弃用地、老旧厂房、仓储用房、历史街区、老旧民宅村落等兴办公共文化项目等。从经济层面对社会力量给予鼓励，有利于撬动社会资本来推动全民阅读推广。

（二）社会力量参与阅读推广的方式与内容

1. 自筹建设

按照建设对象划分，社会力量自筹参与或建设方式主要有两种，一种是自筹资金设立公共图书馆或其他阅读推广机构；另一种是成立公益阅读推广社会组织或基金会等。前者已被列入法律条例，如《公共图书馆法》第四条规定："国家鼓励公民、法人和其他组织自筹资金设立公共图书馆。"后者更多地出现在全民阅读相关条例中，如《江苏省"十三五"全民阅读发展规划》[①]中提出："在省市成立全民阅读促进会的基础上，推动成立县市区及基层全民阅读促进组织，引导专业阅读研究推广机构、社会阅读组织、民间读书会、读者俱乐部、虚拟阅读社区等共同参与全民阅读活动和书香江苏建设。"

2. 捐赠资金、项目或活动

社会力量向阅读推广机构或组织捐赠的内容可以包括资金、阅读服务基础设施建设、文献资源建设、阅读推广平台建设、阅读推广某一个项目或活动等等。《东莞市公共文化服务社会化发展促进办法》[②]中提出，社会力量可采用冠名资助、合作举办、出资协办、参与承办、提供服务等方式参与部分重大公益性文化活动（项目），可参与公益性文化活动的创意策划、组织开展、宣传推介和衍生服务等。

3. 提供场地、设备或物品

社会力量可通过免费或优惠、转借租赁或免费开放自有场地和设施等方式开展

---

① 关于印发江苏省"十三五"全民阅读发展规划的通知 [EB/OL].[2018-10-06].http://wmdw.jswmw.com/home/content/？1737-4114755.html.

② 关于印发《东莞市公共文化服务社会化发展促进办法》的通知 [EB/OL].[2018-10-06].http://zwgk.gd.gov.cn/007330010/201409/t20140926_548670.html.

阅读推广活动。《江苏省人民代表大会常务委员会关于促进全民阅读的决定》[①]第十一条提出："车站、机场、地铁、公园、宾馆等公共场所应当提供有效阅读条件，供读者免费阅读。鼓励和引导高等学校图书馆和其他单位、个人的阅读服务场所创造条件向公众免费开放。"《黑龙江省人民代表大会常务委员会关于促进全民阅读的决定》[②]第二十一条提出："鼓励和支持出版发行单位和实体书店提供低价或免费的阅读服务。"

4. 参与阅读推广活动的运营、管理等

《公共文化服务保障法》第二十五条规定："鼓励公民、法人和其他组织依法参与公共文化设施的运营和管理。"各地根据国家法律法规和相关政策的指引，纷纷将社会力量参与运营与管理的条目，纳入了本地的公共文化服务实施办法或全民阅读条例中，并结合当地实际进行了适当拓展。如无锡市鼓励社会力量通过竞标等方式市场化运作政府投资的大型文体设施，包括公共图书馆等，采取服务外包、委托经营、合作经营等模式进行整体或部分项目的开放服务、管理运行，充分整合设施、设备、人才、市场等资源，实现管理的专业化，提高公共文化管理的效率，为群众提供低价或免费的文化服务。

5. 法人治理

《公共图书馆法》第二十三条规定："国家推动公共图书馆建立健全法人治理结构，吸收有关方面代表、专业人士和社会公众参与管理。"该项规定为社会力量参与公共图书馆决策提供了政策依据。地方层面如广州市将"建立和完善理事会等法人治理机构"纳入了《广州市"图书馆之城"建设规划（2015—2020）》中。法人治理制度将在全民阅读促进中发挥更关键、更重要的作用。

6. 志愿服务

开展志愿服务是为公众搭建自主参与、自我服务、自我教育、自我实现、自我满足的平台。《公共图书馆法》和各地的全民阅读促进条例均鼓励有关组织和个人为全民阅读活动提供志愿服务，向公众传播阅读理念、开展阅读指导。如《江苏省"十三五"全民阅读发展规划》中提出要"积极调动领导干部、专家学者、文化工作者、社区教育工作者、大中专学生、'五老'和社会各界人士参与阅读志愿服务的积极性，

---

① 江苏省人民代表大会常务委员会关于促进全民阅读的决定[EB/OL].[2018-10-06].http://www.jsrd.gov.cn/zyfb/hygb/1213/201501/t20150115_155216.shtml.

② 黑龙江省人民代表大会常务委员会关于促进全民阅读的决定[EB/OL].[2018-10-06].http://wwwh.ljrd.gov.cn/detailj.sp？urltype=news.NewsContentUrl&wbtreeid=1036&wbnewsid=16785.

构建参与广泛、形式多样、活动经常、机制健全的全民阅读志愿服务网络。适时建立江苏全民阅读志愿者库,培育一支热心全民阅读公益事业的推广人、领读者队伍,加强专业知识技能培训,提升全民阅读推广人队伍的整体素质和服务能力。"①

7. 参与阅读推广的监督和考核

《公共图书馆法》第四十二条和第四十七条分别规定,公共图书馆应接受社会监督,应该吸纳社会公众参与对公共图书馆服务质量和水平的考核。社会力量参与监督和考核评估,从效能角度出发客观公正考评阅读推广的效果,这对于规范阅读推广流程、完善服务机制等具有积极意义②。为保证考核结果的公平、公正,不少阅读推广主体引入第三方机构开展考核评估,《广州市公共图书馆第三方评估管理办法》③对于第三方评估的内容、标准、程序以及第三方机构的资格条件作了详细规定,规范了第三方机构评估的操作流程。

(三)社会力量参与阅读推广的约束力

社会力量参与阅读推广必须以遵守国家法律法规为前提,如对文献信息、读者个人信息的处理、阅读推广活动的组织、对公共文化设施设备场地的管理等均需要严格遵守法律的相关规定。《公共图书馆法》规定:"凡从事或者允许其他组织、个人在图书馆内从事危害国家安全、损害社会公共利益的活动等将被责令整改,相关负责人将会被依法追究责任。"浙江省杭州市余杭区在国家法律层面的基础上,设置了"退出机制",即对因经营不善、组织不力、不符合考核绩效评估要求的社会力量参与项目,行业主管部门有权责令限期整改,整改后仍不合格的,依据合同约定或有关规定依法予以清退。并建立了政府购买公共文化"黑名单",对非不可抗拒因素而违约的政府购买承接单位三年内取消其承接政府购买资格④。

---

① 关于印发江苏省"十三五"全民阅读发展规划的通知 [EB/OL].[2018-10-06].http://wmdw.jswmw.com/home/content/?1737-4114755.html.
② 刘晓东.社会力量参与公共图书馆建设的法律依据[J].图书馆,2018(2):5-7+13.
③ 广州市文化广电新闻出版局关于印发《广州市公共图书馆第三方评估管理办法》的通知[EB/OL].[2018-10-06].http://zwgk.gz.gov.cn/GZ20/2.1/201708/c480481633814336928b9ef333c90301.shtml.
④ 关于印发《余杭区关于引导和鼓励社会力量参与公共文化服务暂行办法》的通知 [EB/OL].[2018-10-06].http://www.yuhang.gov.cn/xxgk/zcfg/qjwj/201806/t20180621_1126366.html.

三、社会力量参与阅读推广存在的问题

目前,社会力量参与阅读推广的意识与理念问题主要体现在:首先,传统阅读推广机构对社会力量加入阅读推广活动的认识不足。传统的阅读推广机构如政府、文化事业单位、教育机构等主要依靠政府财政投入,缺乏主动与社会合作的意识,且普遍认为企业等社会力量加入阅读推广会影响其公益性。其次,社会公众对社会力量参与全民阅读推广的责任意识欠缺,认为阅读推广是政府行为,从而未形成服务的自觉性和主动性。再次,社会力量本身的阅读推广理念和素养缺乏指导和培养。

第三节 阅读推广若干法律问题

前文中提到的法律法规和政策文件大都围绕阅读推广主体、目的、内容、对象、效果等而专门制定了相关条目,图书馆在开展阅读推广工作过程中除了遵循这些专指性的法律政策条文之外,还应遵守其他相关的国家法律法规。《公共图书馆法》第十条规定:"公共图书馆应当遵守有关知识产权保护的法律、行政法规规定,依法保护和使用文献信息。"近年来,图书馆在开展阅读推广过程中涉及的法律问题越来越多,其中以知识产权相关案件居多。为了保障图书馆的相关权益,不少图书馆采取聘请律师、加强馆员法律意识与相关工作规范的培训及制定审查制度等方式来解决日常工作中所遇到的法律相关问题。

一、常见知识产权相关问题

图书馆的知识产权风险主要存在于内部业务、读者服务、知识资产权利归属上,同时图书馆作为一般的实体机构也会存在知识产权纠纷,包括因自身缺乏重视或者权益保护措施不够等原因导致的内生风险和因外界环境而导致的外生风险。

(一)内部业务

馆员职务作品是图书馆内部业务中容易产生的知识产权纠纷之一。所谓馆员职

务作品是指馆员为完成图书馆的工作而创作的作品。《中华人民共和国著作权法》（以下简称《著作权法》）①第十六条规定："公民为完成法人或者其他组织工作任务所创作的作品是职务作品，著作权由作者享有，但法人或者其他组织有权在其业务范围内优先使用。作品完成两年内，未经单位同意，作者不得许可第三人以与单位使用的相同方式使用该作品。有下列情形之一的职务作品，作者享有署名权，著作权的其他权利由法人或者其他组织享有，法人或者其他组织可以给予作者奖励：②主要是利用法人或者其他组织的物质技术条件创作，并由法人或者其他组织承担责任的工程设计图、产品设计图、地图、计算机软件等职务作品；②法律、行政法规规定或者合同约定著作权由法人或者其他组织享有的职务作品。"图书馆为规避馆员职务作品产生的著作权问题，须明确以下注意事项：第一，馆员职务作品必须是由图书馆依据其工作性质而提出的工作任务，若馆员在职务工作以外，创作了与图书馆工作无关的作品，则不属于职务作品之列。第二，职务作品是作者自己的意志创作，而不是依照单位的意志进行创作。由图书馆主持，或者按照图书馆的意志进行创作的作品不属于职务作品。

馆员职务作品著作权纠纷比较典型的案例是"崔世勋诉辽宁、黑龙江、吉林三省图书馆侵犯署名权"一案。案中原告崔世勋原为哈尔滨师范大学图书馆古籍部主任、副馆长，长期从事古籍整理工作。被告是辽宁省图书馆、黑龙江省图书馆、吉林省图书馆。崔世勋诉称，由被告主编出版的《东北地区古籍线装书联合目录》遗漏了其署名，侵犯了其署名权。经法院审理判决为，原告是编委会委员，被告在相关媒体上发布道歉启事。该案件的焦点在于原告是否有署名权，被告认为该目录是单位作品，其具有完全的著作权，原告付出的是劳务而不是创作。事实上，原告编撰该目录（具有图书馆工作性质）时付出了大量创造性劳动（如认知、分析、判断、推理等），所以该目录隶属于职务作品，而它又是一种特殊的职务作品，因为原告与被告之间存在创作合同法律关系，根据著作权法第十六条规定之特殊情形第二款之规定，原告具有署名权，而该目录的其他著作权（包括修改权、发表权、保护作品完整权、收益权、转让权等）都归被告所有③。

① 全国人民代表大会常务委员会关于修改《中华人民共和国著作权法》的决定(主席令第二十六号）[EB/OL][.2018-10-09].http://www.gov.cn/flfg/2010-02/26/content_1544458.htm.
② 全国人民代表大会常务委员会关于修改《中华人民共和国著作权法》的决定(主席令第二十六号）[EB/OL][.2018-10-09].http://www.gov.cn/flfg/2010-02/26/content_1544458.htm.
③ 秦珂.图书馆工作中职务作品和法人作品的法律适用界定——兼评崔世勋诉辽宁省图书馆等案[J].图书情报工作，2010，54（19）：129-132.

除了馆员职务作品知识产权纠纷外，还有涉及图书馆管理等方面的法律纠纷问题，如将图书馆的场地、设备等资源免费提供或租赁给其他组织、单位或个人用以开展其他活动，该组织、单位或个人开展活动时因自身的原因而造成侵权，而双方事先并未有相关合同条款约束的情况下，图书馆就很容易被牵连。如杜修贤（周恩来总理专职摄影师）告国图侵权案①，原告发现国家图书馆一楼销售的纪念金币《人民总理周恩来》中有四幅是原告自己的拍摄作品而未征得其同意，未署名，更未支付报酬，严重侵犯了他的合法权益。国图代理人辩称，国家图书馆只是把房屋出租给国图书店有限公司，并未参与纪念金币的制作与发行，而该公司具有独立的法人资格。此案未当庭宣判，但随后原告撤诉。当然，该案件为十几年前的案件，《公共图书馆法》第二十九条规定："公共图书馆的设施设备场地不得用于与其服务无关的商业经营活动。"即便如此，图书馆与社会力量的合作方式和内容日趋丰富，如何利用法律武器维护和保障自身的合法权益是当下图书馆迫切需要考虑的问题。

（二）读者服务

图书馆读者服务纠纷涉及的法律问题最多，覆盖面最广，情况也最为复杂，其中常见的知识产权问题有图书馆馆藏资源数字化版权风险、图书馆资源上传及传播风险、网络资源链接风险、图书馆数据库涉及的知识产权纠纷等。图书馆若要规避因这些问题导致的法律风险，就必须提高相关法律意识，即无论引进还是发布资源，须事先明确资源的著作权归属及其许可使用范围。

1. 馆藏资源数字化版权风险

随着图书馆服务的数字化网络化开展、图书馆的复制和传播能力的提升以及著作权人维权意识的增强，图书馆不可避免地会遭遇各种知识产权风险。我国的法律对于数字化等复制行为已经有相关规定：《著作权法》"权利的限制"部分第二十二条第八款规定，图书馆等为陈列或者保存版本的需要，复制本馆收藏的作品可以不经著作权人许可，不向其支付报酬，但应当指明作者姓名、作品名称，并且不得侵犯著作权人依照本法享有的其他权利，《信息网络传播权保护条例》②第七条规定，"图书馆等可以不经著作权人许可，通过信息网络向本馆馆舍内服务对象提供本馆收藏

---

① 周总理摄影师告国图侵权纪念币擅用其作品[EB/OL].[2018-10-09].http://news.sohu.com/20081020/n260139135.shtml.

② 国务院关于修改《信息网络传播权保护条例》的决定[EB/OL].[2018-10-09].http://www.gov.cn/zwgk/2013-02/08/content_2330133.htm.

的合法出版的数字作品和依法为陈列或者保存版本的需要以数字化形式复制的作品，不向其支付报酬，但不得直接或者间接获得经济利益。当事人另有约定的除外。前款规定的为陈列或者保存版本需要以数字化形式复制的作品，应当是已经损毁或者濒临损毁、丢失或者失窃，或者其存储格式已经过时，并且在市场上无法购买或者只能以明显高于标定的价格购买的作品。"

馆藏资源数字化版权风险比较典型的一个案例是深圳图书馆、深圳大学城图书馆、深圳大学图书馆馆藏书数字化版权纠纷案①。原告（北京三面向版权代理有限公司）诉称，深圳三家大型图书馆的网站未经授权，把著作权人的作品进行数字化并且上传，提供给网络用户下载，对作者造成了侵权。该案的焦点是图书馆是否自行数字化他人作品及有数字化作品的馆外传播的行为。图书馆网站、深圳文献港和全国图书馆参考咨询服务平台都是免费为用户服务的公益网站，案件中读者通过三家网站的链接提示，通过文献传递服务获取了书目全文。根据《信息网络传播权保护条例》的规定，图书馆可以不经著作权人许可，通过信息网络向本馆馆舍内服务对象提供本馆收藏的合法出版的数字作品，不向其支付报酬，但不得直接或者间接获得经济利益。案件中的作品本身是数字化作品，图书馆未因传播数字化作品产生收益，虽将传播范围延伸至馆外，但传播的对象为图书馆的有效读者，最终原告撤诉。该案对图书馆规范馆藏资源数字化工作以及解决相关的版权问题起到一个警示和呼吁作用。

2. 图书馆自媒体服务中的著作权侵权

随着数字化网络化阅读越来越普及，图书馆越来越重视利用各种自媒体平台来宣传图书馆的服务与推广阅读。图书馆在自媒体平台上发布的信息资源一般为原创作品，但为了增强宣传效果，会不可避免地引用非原创作品（包括文字、音视频和图片等等）。那么，图书馆该如何规避其中的著作权风险呢？根据《著作权法》第五条、第二十二条和第二十三条，应注意以下几点：第一，全文转载、使用他人已发表作品，须取得著作权人许可，并支付报酬和注明出处。非全文转载、使用的，注意不能突破"为介绍、评论某一作品或者说明某一问题"的范畴。第二，对于转载、使用他人已发表的作品，必须事先了解该作品的来源与出处，是否为原创作品，以及是否有转载或使用的声明等情况，并保留相关证据。在实务中优先采用有明确转

---

① 馆藏书数字化引版权纠纷三大公益图书馆被诉[EB/OL].[2018-10-09].http://www.chinanews.com/sh/2017/06-09/8246209.shtml.

载、使用授权的作品,并在授权范围内使用作品。对于作者或作品提供者(如网站等)声明不得转载、使用的作品,一律不能采用。第三,对于没有明确转载、使用授权的作品,除做到上述第二点之外,在使用作品时进行合理使用声明,如"本文(或网站)所刊发、转载的相关信息来源于网络/报刊,旨在传递更多信息和交流之目的,若本文(或网站)无特别声明,其版权均归著作权人或页面内声明的版权人所有"等。第四,鼓励和使用原创作品。

3. 网络资源链接风险

链接服务是网络环境下图书馆最为常见和最重要的服务方式之一,然而不规范的链接行为会让图书馆陷入侵权的漩涡。北京三面向版权代理有限公司诉重庆涪陵区图书馆侵犯著作权案[①]和北京优朋普乐科技有限公司诉肇庆市图书馆等侵犯著作权纠纷案就是链接服务导致的两起典型案件。虽然两起案件中图书馆都向读者提供了链接服务,但最终的判决结果却大相径庭。判定链接行为是否构成侵权,关键看其链接的程度。涪陵图书馆案件中的行为为"深度链接",即从进入涪陵图书馆网站的首页起,直到该文学作品所在网页,其每一个步骤均显示涪陵图书馆为该网站的运营者和内容服务的提供者。在未得到作品权利人许可的情况下,直接通过网络链接使用涉案作品,向网络用户提供内容服务,且未向作品权利人支付报酬,该行为侵犯了权利人的信息网络传播权和获得报酬权。涪陵图书馆在接到侵权通知后及时取消了链接,但"深度链接"仍要做出赔偿。该案件使得一贯以"作为公益机构可以免责"为指导思想的图书馆从中得到启示[②]。肇庆市图书馆案件中,肇庆市图书馆提供的是"一般链接",判定的标准为涉案影片并未存储在网站的服务器上,故而法院驳回上诉。我国《信息网络传播权保护条例》第二十三条规定:网络服务提供者为服务对象提供搜索或者链接服务,在接到权利人的通知书后,根据本条例规定断开与侵权的作品、表演、录音录像制品的链接的,不承担赔偿责任。

4. 图书馆数据库涉及的知识产权风险

图书馆数据库的类型主要分为两种:一种是自建数据库,另一种是购买的商业数据库。数据库服务的质量和水平是衡量图书馆资源建设与服务水平的重要指标之一。无论是自建数据库,还是购买数据库,在使用过程中均会涉及知识产权相关问题,

---

① 重庆三中院发布六大知识产权典型案例[EB/OL].[2018-10-09].http://cqfy.chinacourt.org/article/detail/2013/04/id/951149.shtml.

② 汤罡辉,韦景竹.近年来图书馆相关的知识产权案例观察[J].国家图书馆学刊,2010(2):70-77.

而且图书馆对二者所承担的法律权责程度各不相同。

自建数据库和购买数据库知识产权纠纷比较典型的案例分别为陈兴良诉数字图书馆著作权侵权纠纷案①和李昌奎诉长春理工大学侵权纠纷案②。前者案例中，北京大学法学院教授陈兴良诉称，中国数字图书馆未经其同意将其3部作品上传至被告的网站上，读者通过网上付费且注册为会员即可阅读并下载原告作品，被告侵犯了其信息网络传播权。被告辩称中国数字图书馆为公益性事业单位，将原告3部作品收入数字图书馆有利于它们的再次开发利用。此案被告败诉。该案件充分说明，图书馆在自建全文数据库时应当事先征得著作权人的同意并支付报酬，如果没有得到授权，必然带来侵权风险③。后者案例中，原告李昌奎诉长春理工大学图书馆网站上的超星电子图书数据库未经其许可向公众提供其著作，侵犯了其信息网络传播权。被告长春理工大学则认为超星电子图书数据库是为教学科研目的向特定对象提供的，且自己本身也是用户，并未参与超星电子图书数据库的制作，根据《信息网络传播权保护条例》第六条及第七条之规定，未侵犯原告的传播权。但被告的抗辩理由未被法院采纳，案件最终判定为被告长春理工大学负有连带责任④。该案件充分说明，图书馆在购买数据库前，一定要与数据库商签订免责协议，一方面要求对方解决数据库所涉及的所有知识产权问题，另一方面，在协议中要明确图书馆不因所使用的数据库侵权而承担连带责任。

（三）知识资产权利归属

图书馆的文献资产大多来源于采购和捐赠，前者须保证所采购的对象为正版图书，后者须明晰捐赠来源及捐赠图书的合法性，方能有效规避侵权。关于采购图书的案例如广东省立中山图书馆的盗版图书事件，2002年读者从该馆借来一本《席慕容文集》，因装帧、排版和印刷质量极差，怀疑该书为盗版，并向媒体反映。广东省立中山图书馆接到记者的反映后，查证后马上把架上4本盗版书下架，并紧急向书商追溯购书源头。由于读者和记者的及时反映，让该馆侥幸躲过了知识产权纠

---

① 陈兴良诉数字图书馆著作权侵权纠纷案[EB/OL].[2018-10-09].http://gongbao.court.gov.cn/details/ddcfdac26a248347349475257eda69.html.

② 一个人与数字图书馆的20起诉讼版权"原罪"困扰数字图书产业[EB/OL].[2018-10-09].http://news.sohu.com/20071216/n254112967.shtml.

③ 刘赪娜.图书馆数据库法律保护问题研究[J].图书情报工作，2015，59（2）：192-195.

④ 刘赪娜.图书馆数据库法律保护问题研究[J].图书情报工作，2015，59（2）：192-195.

纷①。图书馆没有合理使用非法出版物的豁免理由，陈列非法出版物于馆内，或进入流通领域，不仅影响正常渠道的知识文化传播，而且若被原作者起诉，图书馆也会相应承担一定的民事责任②。关于捐赠相关的知识产权案比较典型的为李明德等诉南通市图书馆案。原告认为其父生前所著《大般若波罗蜜多经全文图表》手稿是暂交图书馆古籍部代为保管，并非赠送。但南通市图书馆认为，因原告父亲生前已将手稿赠予图书馆，则该作品的著作权及与著作权相关的一切权利已转移至图书馆。首先，著作权法规定，著作权转让应订立书面合同；其次，并非所有的著作权都可以转让，著作权分人身权（发表权、署名权、修改权和保护作品完整权）和财产权（作品的复制权、发行权、出租权等）。所谓"著作权转让"，即著作权人将著作权中的全部或部分财产权有偿或无偿地移交给他人所有的法律行为。换言之，只有著作权中的财产权可以转让，著作权中的人身权是不能转让的。因而图书馆认为一切权利都移至图书馆的说法，显然违背了著作权法的规定③。

二、其他法律风险问题

除了知识产权风险外，图书馆在阅读推广过程中涉及的法律问题还有很多，需要具体问题具体分析。尤其是图书馆作为阅读制度及相应工作规范的制定者，更应该以法律的武器规范图书馆的行为，从而保障自身的权益。

以读者信用管理为例，为保障读者平等、公正使用图书馆资源的权利，图书馆一般会采取一定的措施来约束文献借阅行为中的严重不诚信行为，诸如所借文献逾期一年以上仍未还；文献已归还，但违约金逾期超过一年仍未交纳的（从文献归还时间开始计算）等。有的图书馆尝试将读者的不诚信行为上传至城市公共信用信息管理系统以起到警示和教育等作用。对于这种操作是否具有法律风险，佛山市图书馆也咨询了律师，回复内容概要如下：

第一，市民注册为图书馆有效读者时所签署或认可的协议仅为同意个人信息采集、认可图书馆的规章制度等，并没有约定"把读者文献借阅行为中的不诚信信息

---

① 盗版"席慕容"居然堂皇混进中山图书馆 [EB/OL][.2018-10-09].http://news.southcn.com/gdnews/nanyuedadi/200209120790.htm.
② 汤罡辉，韦景竹.近年来图书馆相关的知识产权案例观察 [J].国家图书馆学刊，2010（2）：70-77.
③ 李芙蓉，汪洋.李明德等诉南通市图书馆案的案例分析 [J].图书馆工作与研究，2010（6）：12—14.

上传至公共信用信息管理系统"的内容。

第二，将读者文献借阅行为中的不诚信信息上传至公共信用信息管理系统欠缺明确的法律依据。《公共图书馆法》《中华人民共和国政府信息公开条例》（国务院令第492号）、《国务院办公厅关于施行〈中华人民共和国政府信息公开条例〉若干问题的意见》《征信业管理条例》（国务院令第631号）、《企业信息公示暂行条例》（国务院令第654号）、《国务院关于印发政务信息资源共享管理暂行办法的通知》（国发〔2016〕51号）、《国务院办公厅关于加强个人诚信体系建设的指导意见》《社会信用体系建设规划纲要（2014—2020年）》《广东省企业信用信息公开条例》（2007年7月27日广东省第十届人民代表大会常务委员会第三十三次会议通过)、《佛山市人民政府关于印发佛山市公共信用信息管理暂行办法的通知》(佛府〔2016〕101号）等法律法规、部门规章、地方性法规、地方政府规章、规范性文件等，未有明确规定图书馆的"读者文献借阅行为中的不诚信信息"属于公共信用信息范畴。未有明确规定将"读者文献借阅行为中的不诚信信息"推送或上传至公共信用信息管理系统是公共图书馆的职责范畴，未有明确规定图书馆拟上传的信息已被纳入《佛山市公共信用信息管理暂行办法》《佛山市公共信用信息资源目录（2017）（第二次征求意见稿）》。

第三，图书馆拟上传或推送的"读者文献借阅行为中的不诚信信息"的范围极有可能存在争议。当前个人公共信用信息归集的立法主要集中于部委规章以及地方立法中，而地方立法中专门就图书馆读者不诚信信息归集的地方立法较少。经调研，《广州市公共图书馆条例》《东莞市公共图书馆管理办法》有明确的规定，其中，《广州市公共图书馆条例》[①]第五十七条第二款规定，用户"逾期未归还所借文献信息资源的，公共图书馆可以按照服务合同的约定收取违约金；经公共图书馆合理催告后仍不归还的，公共图书馆可以暂停其读者证的使用权限，并记入个人信用记录。丢失所借文献信息资源的，应当依法赔偿"。而若拟上传的范围为"（1）所借文献逾期一年以上仍未还；（2）文献已归还，但违约金逾期超过一年仍未交纳"，大于相邻城市有专门地方立法明确规定的范围，极有可能引发争议。

同时，律师也给了相应的一些建议：若拟策划实施"把读者文献借阅行为中的不诚信信息上传至公共信用信息管理系统"，必须修订现有读者协议，在协议中增

---

① 《广州市公共图书馆条例》[EB/OL][.2018-10-09].http://www.gzlib.gov.cn/policiesRegulations/146589j.html.

加关于读者在文献借阅行为中的不诚信行为，以及对逾期一年以上不归还所借文献的行为、逾期一年以上不缴纳违约金的不诚信信息（具体列明包括文献借阅人姓名、文献借阅人身份证号码、文献借阅数量、文献借阅时间、约定归还时间、没有归还数量等信息），明确约定图书馆有权将该信息上传至公共信用信息管理系统的处理。考虑到格式条款的风险，在表达上还须采取黑体加粗加下划线等足以引起签约读者注意的文字、符号、字体等特别标识，并按照签约读者的要求对该格式条款予以说明，以该等合理方式提请签约读者注意该等加重读者责任、排除读者主要权利的条款内容。再者，督促地方立法时将读者文献借阅行为中的不诚信信息列入本地公共信用信息范畴。

参考文献

[1] 孙婧."双一流"背景下高校图书馆阅读推广模式创新研究：以河北省12所"双一流"重点建设高校为例[J]. 江苏科技信息, 2022, 39(22):20-23.

[2] 蔡春柳. 三全育人背景下广东省高校图书馆阅读推广品牌建设浅析[J]. 前卫, 2022(3):7-9.

[3] 高莉萍. 高校图书馆阅读推广智慧化建设研究[J]. 中文科技期刊数据库（全文版）图书情报, 2022(9):149-152.

[4] 蔡春柳. 高校图书馆阅读推广服务的影响力研究：以广东某高校图书馆阅读推广建设工作为例[J]. 美化生活, 2022(9):3.

[5] 张一莉. 高校图书馆阅读推广体系建设研究[J]. 文化产业, 2022(29):99-101.

[6] 冯梅, 丁菁梅, 李琛等. 沉浸体验式阅读推广活动品牌的建设实践与思考：以中国科学技术大学图书馆为例[J]. 大学图书情报学刊, 2023, 41(1):6.

[7] 王娜. 文旅融合环境下公共图书馆阅读推广品牌建设研究[J]. 大学图书情报学刊, 2022, 40(3):48-51.

[8] 陈秀峰, 范明智, 杨欣艳, 孙海英. 高校图书馆阅读推广智慧化建设研究[J]. 图书馆学刊, 2022, 44(2):25-null.

[9] 王玉莲. 多元主体参与的主题图书馆阅读推广品牌建设研究[J]. 中文科技期刊数据库（全文版）图书情报, 2023(1):4.

[10] 陈莹. 公共图书馆数字资源建设及阅读推广探析[J]. 中文科技期刊数据库（全文版）图书情报, 2022(1):91-94.

[11] 陈丽霞. 高校图书馆阅读推广与校园文化建设融合路径探索[J]. 文化创新比较研究, 2022, 6(29):128-132.

[12] 贺建明, 谭颜波, 王兆辉. 历史与时代视野下社会力量参与图书馆阅读推广研究[J]. 河南图书馆学刊, 2022, 42(7):3.

[13] 焦小梅. 公共图书馆数字资源的高效建设及少儿阅读推广方式分析 [J]. 河北画报, 2022(20):115-117.

[14] 武旭, 王刚贞, 王凯禄. 基于品牌建设的高校图书馆阅读推广模式探索与实践：以安徽财经大学图书馆为例 [J]. 大学图书情报学刊, 2022, 40(4):7.

[15] 孙喜. 图书馆资源建设与阅读推广路径思考 [J]. 科学咨询, 2022(5):53-55.

[16] 郭改玲. 高职院校图书馆资源建设与阅读推广路径探析 [J]. 世纪之星（交流版）, 2022(3):103-105.

[17] 王金雨. 高校图书馆阅读推广的多样化与品牌建设 [J]. 中文科技期刊数据库 (全文版) 社会科学, 2022(8):4.

[18] 颜琛. 高校图书馆建设中开展阅读推广的现状及途径研究 [J]. 文化学刊, 2022(8):4.

[19] 王丹, 陈雅, 谢紫悦. 我国图书馆阅读推广品牌建设创新策略研究 [J]. 图书馆理论与实践, 2023(2):7.

[20] 刘双喜. 公共图书馆服务体系阅读推广制度建设思考 [J]. 图书馆建设, 2022(5):9.

[21] 唐金秀. 高校图书馆阅读推广与校园文化建设的路径探究 [J]. 进展：科学视界, 2022(2):35-36.

[22] 贾子文, 李雪琴, 马佳. 高校图书馆阅读推广服务品牌体系建设实践 [J]. 中华医学图书情报杂志, 2022, 31(8):6.

[23] 潘俊彤. 图书馆阅读推广创意管理模式建设 [J]. 图书馆杂志, 2022, 41(9):7.

[24] 朱霞. 全民阅读推广与公共图书馆数字化建设浅析 [J]. 教育研究, 2022, 4(12):19-20.